北海道夏山ガイド 2

表大雪の山々

イワブクロ（白花）

目次

表紙写真　(表)小化雲岳付近から表大雪を望む
(裏)ウスバキチョウ
目次写真　小泉岳をゆく登山者。背後は北鎮岳

本書のねらいと利用法

■はじめに

北海道初の山のガイドブックは1960年発行の「北海道の山」（一原有徳著＝山と渓谷社）と「北海道の山々」（札幌山岳クラブ著＝朋文堂）で、登山愛好家には待望の書がほぼ同時に発行された。以後コンスタントにガイドブックが発行されてきたが、人気のある山が繰り返し取り上げられ、目立たない山は日の目を見ることはなかった。

本書は登山人口が増加し、山の情報が求められていた1980年代後半、道内すべての登山道のある山の完全紹介を目的に発刊された。以降、約30年にわたり増刷、改訂をしながら今日に至っている。発刊当時はインターネットなどない時代であり、自分たちで取材を楽しみ（苦しみ）ながらの編集作業であった。一方で各市町村や山で出会った登山者に多くの情報提供のご協力をいただき、そのおかげで未知の山をたくさん知ることもできた。ここに深くお礼を申し上げたい。

■編集方針

①取材に基づいた情報提供

著者3人で手分けして取材登山を行い、最新情報の提供を心がけた。しかし、数年がかりの取材の間に状況が変化していることも多い。確認した分については増刷、改訂の際に修正しているが、完璧を期するのはなかなか難しい。これはガイドブックの宿命であり、特に昨今の情報化社会のなかでは避けがたい課題でもある。利用者もそれを理解のうえ情報確認を行って活用してほしい。

②新しい山の紹介

過去にガイドブックで紹介されたことのない山、多くの人が存在さえ知らない山は非常に多い。このシリーズでは過去に紹介されたことのない山の紹介に力を入れた。情報が不正確で無駄足を踏んだり、すでに廃道になって登れなかったことも再三あったが、苦労のかいあって、よい情報を提供できていると思う。

まだ著者らの知らない山があると思うが、ご存知の方はぜひ編集部までお知らせ願いたい。

③登山グレード

紹介するコースは超初心者向きから超上級者向きまでかなりの差がある。初心者が難しい山に挑んで遭難する心配もあるので、本書ではコースを初・中・上級に分けて評価し、実力に合った選択ができるようにした。

コースごとに評価表を付したほか、コースタイトルの色を初級は赤、中級は緑、上級は青で色分けした。ただし、縦走コース途中の特定区間を紹介する場合は評価は行っていない。

④詳細な説明

簡潔すぎるガイド記事は不安を募らせるものだ。逆に詳細すぎる記事は未知に対する興味をなくする欠点もあるが、本書では「独力登山」にウエートを置いているので、写真の多用、イラスト地図の使用などにより、多くの人が理解できるように心がけた。

⑤イラスト地図の使用

地図は縮尺が正確な平面図にするか、尾根や谷が直感的に分かる鳥瞰図にするか悩んだが、初心者には後者のほうが地形の概念が把握しやすいと思い、こちらに決定した。

イラスト地図は、当初は手書きだったが、現在はコンピューターで地形の3D画像を作成している。詳細な標高データにより、かなり精緻な画像が得られる。しかし無地の味気ない画像なので、樹林、岩場、雪渓、川などを、地形図や航空写真を参考にレタッチして作成した。

なお実際の登山では、国土地理院地形図など詳細な地図を携行し、現在地やルートを確認するようにしてほしい。

⑥マイカー情報の提供

北海道では公共交通機関を利用して登れる山は少なく、ほとんどの山はマイカーに頼らざるを得ない。幹線道路から何度も分岐する林道に入り、満足な案内標識もないことが多いから、登山口に着くまでが結構大変である。特に林道については、路面状況や災害などによる通行止め、ゲートの施錠状況などの情報も必要である。

本書ではアプローチを20万分の1地勢図を利用して案内するほか、必要に応じて本文でもマイカー情報を提供する。ただし、道路状況の変化が激しいので、最新情報を知りたい場合は所轄の森林管理署などに照会してほしい。

⑦紹介する山の範囲

登山とハイキングの区分は難しいが、本書では低山であっても登山の色彩が濃い場合や、山々の展望が素晴らしい場合は対象とした。

また、標高が高くても、頂上まで車道が付き、車で上れる場合は対象から外した。

⑧コースタイム

一般のガイドブック同様、コースタイムは標準的体力の人が日帰り装備で登ることを前提とし、休憩時間を含まない実登山時間で表した。

山中泊が前提となる山は縦走装備でのタイムとなり、その場合はその旨を示し、コースタイムは赤文字で示した。縦走のコースタイムはおおむね日帰りの1割増だが、縦走日数、荷物の量によりさらに異なるので、ひとつの目安にしてほしい。

⑨川などの呼称

従来「○○沢」と呼ばれていた川が近年の地形図では全道的に「○○沢川」に改名されている。同じ意味の沢と川を重ねて使うのはおかしいと思うが、国土地理院に聞くと地方自治体が決めた名を使っているという。この変な名には多くの人が批判的で、本書でも従来の「○○沢」に統一している。

また、旧来使われていた○○沢などの名称は、○○川一の沢川などという味気ない新名称への置き換えが進んでいるが、本書と地形図の名称がまったく共通性のないものになっては混乱を招くので、新名称を使うことにしている。

■ 2021年の改定にあたって

本書に記載の情報(交通機関、宿泊施設など)は、2021年3月時点のものである。新型コロナウイルスの感染状況に関連し、一部未定事項があることや今後の変更があり得ることをご承知いただきたい。

表大雪（北部）

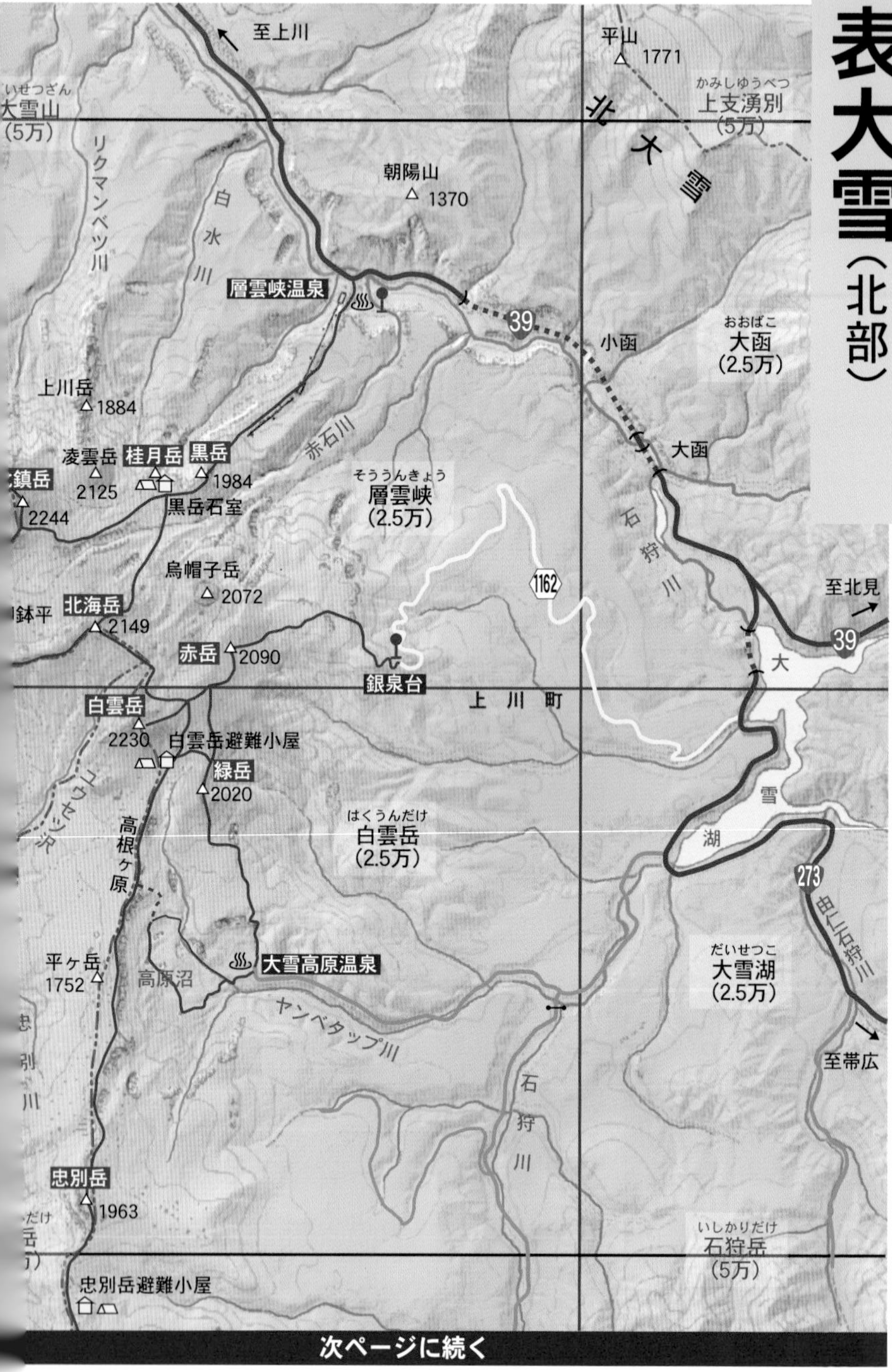

次ページに続く

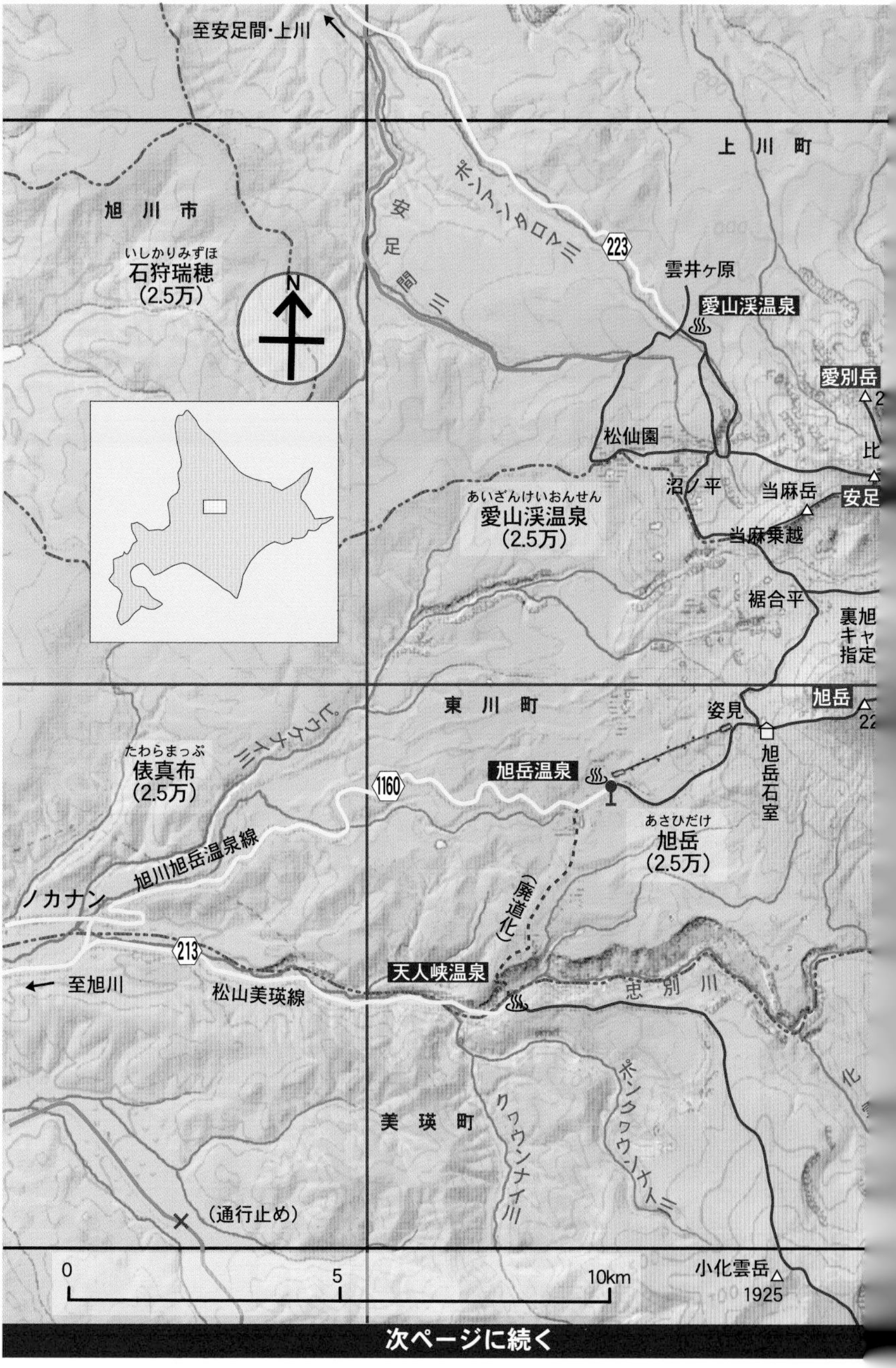
至安足間・上川
上　川　町
旭　川　市
ポンアンタロマ川
安足間川
223
石狩瑞穂《いしかりみずほ》
(2.5万)
N
雲井ヶ原
愛山渓温泉
愛別岳
松仙園
比
沼ノ平
当麻岳
安足
愛山渓温泉《あいざんけいおんせん》
(2.5万)
当麻乗越
裾合平
裏旭
キャ
指定
東　川　町
旭岳
22
姿見
旭岳石室
俵真布《たわらまっぷ》
(2.5万)
ピウケナイ川
旭岳温泉
1160
旭岳《あさひだけ》
(2.5万)
旭川旭岳温泉線
(廃道化)
ノカナン
213
天人峡温泉
至旭川
松山美瑛線
忠別川
化
ポンクワウンナイ川
クワウンナイ川
美　瑛　町
(通行止め)
0
5
10km
小化雲岳
1925

次ページに続く

前ページに続く

表大雪（南部）

至層雲峡温泉
上川町
忠別岳避難小屋
五色岳
1868
五色ヶ原
旭岳《あさひだけ》
(5万)
石狩岳《いしかりだけ》
(5万)
音更山
1932
クチャンベツ登山口
東大雪
石狩岳
1967
川上岳
1894
ニペノ耳
1895
沼ノ原
沼ノ原キャンプ指定地
五色ヶ原《ごしきがはら》
(2.5万)
沼ノ原山
1506
石狩岳《いしかりだけ》
(2.5万)
トムラウシ川
上士幌町
ヌプントムラウシ温泉
ヌプン小屋
トムラウシ山
短縮コース登山口
ヌプントムラウシ川
小天狗
前天狗
トムラウシ川《がわ》
(2.5万)
ニペソツ山
2013
東大雪
ニペソツ山《やま》
(2.5万)
ポントムラウシ山
1247
通行止め)
十勝川上流《とかちがわじょうりゅう》
(5万)
丸山
1692
糠平《ぬかびら》
(5万)
ンケベツ
ペンケベツ
(2.5万)
二股山
1156
ウペペサンケ山《やま》
(2.5万)
至新得

前ページに続く

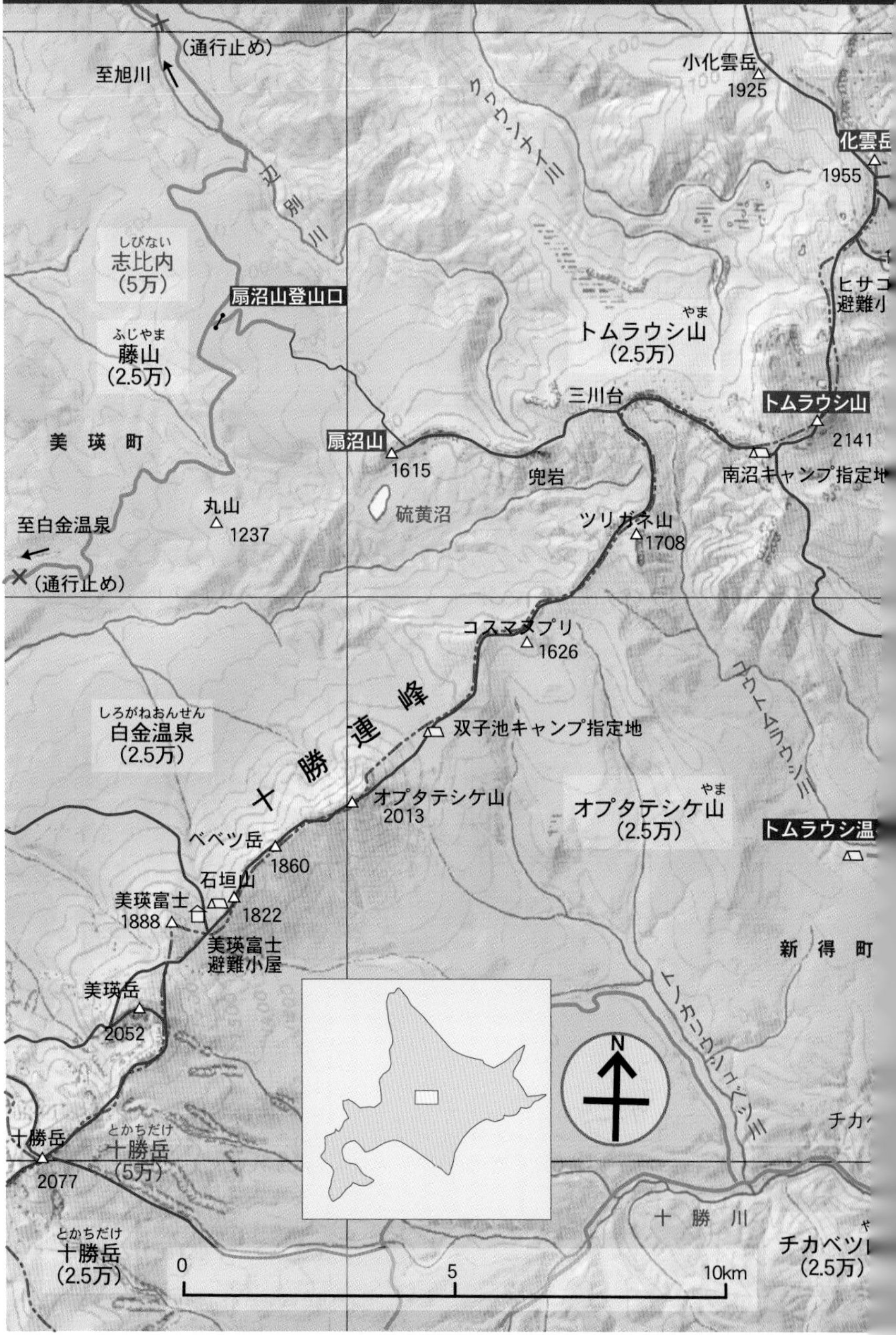

（通行止め）
至旭川
辺別川
クワウンナイ川
小化雲岳
1925
化雲岳
1955
志比内《しびない》
（5万）
扇沼山登山口
ヒサゴ
避難小
トムラウシ山《やま》
（2.5万）
藤山《ふじやま》
（2.5万）
三川台
トムラウシ山
2141
扇沼山
1615
美　瑛　町
兜岩
南沼キャンプ指定地
硫黄沼
丸山
1237
ツリガネ山
1708
至白金温泉
（通行止め）
コスマヌプリ
1626
コウトムラウシ川
十　勝　連　峰
双子池キャンプ指定地
白金温泉《しろがねおんせん》
（2.5万）
オプタテシケ山
2013
オプタテシケ山《やま》
（2.5万）
トムラウシ温
ベベツ岳
1860
石垣山
1822
美瑛富士
1888
美瑛富士
避難小屋
新　得　町
美瑛岳
2052
トノカリウシュベツ川
N
十勝岳
2077
十勝岳《とかちだけ》
（5万）
チカベ
十　勝　川
十勝岳《とかちだけ》
（2.5万）
チカベツ
（2.5万）
0
5
10km

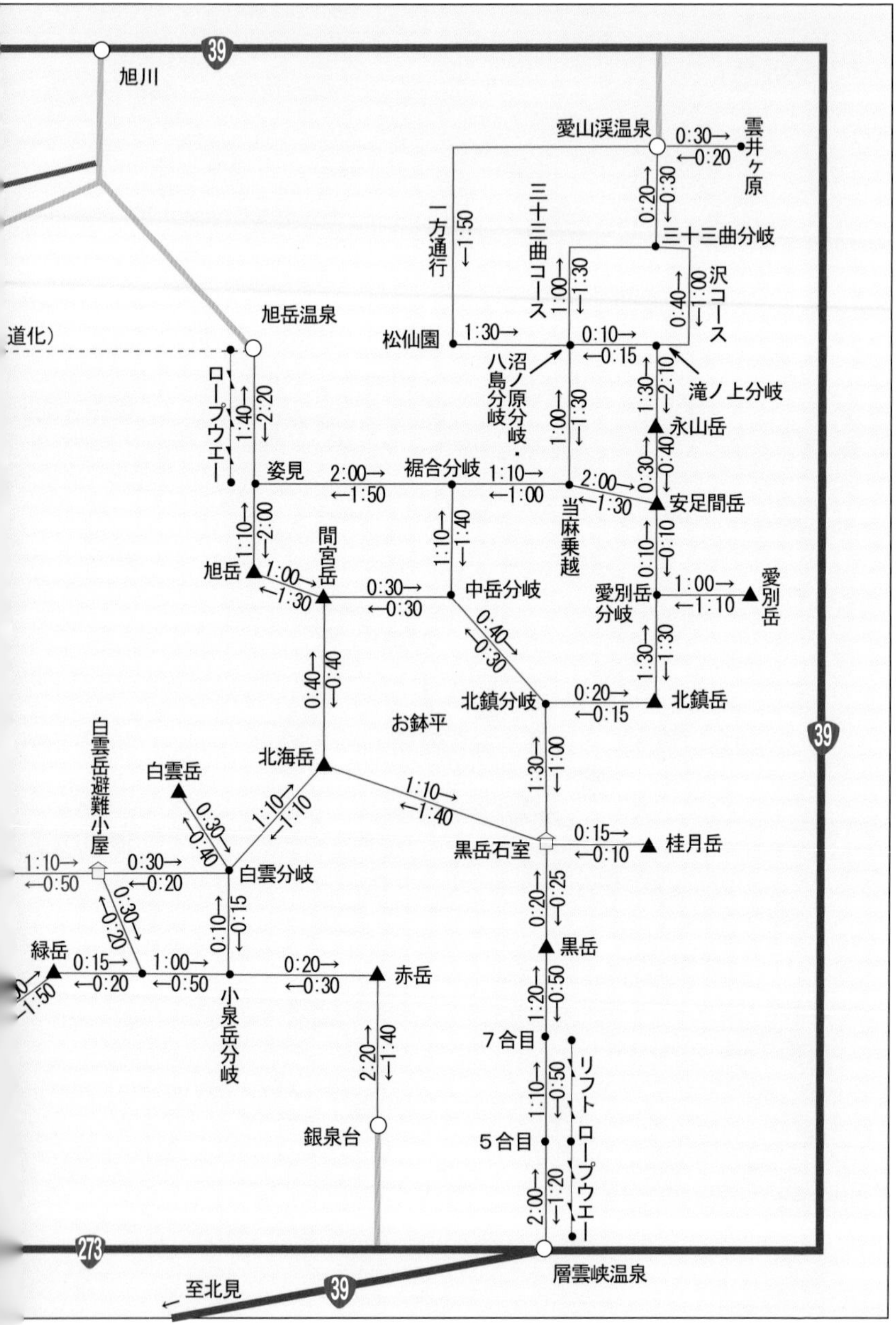
39
旭川
愛山渓温泉
0:30→
←0:20
雲井ヶ原
0:20→
←0:30
一方通行
←1:50
三十三曲コース
三十三曲分岐
1:00→
←1:30
沢コース
0:40→
←1:00
旭岳温泉
道化）
松仙園
1:30→
0:10→
←0:15
沼ノ原分岐・八島分岐
滝ノ上分岐
ロープウエー
1:40→
←2:20
1:00→
←1:30
1:30→
←2:10
永山岳
姿見
2:00→
←1:50
裾合分岐
1:10→
←1:00
2:00→
←1:30
0:30→
←0:40
安足間岳
1:10→
←2:00
1:10→
←1:40
当麻乗越
0:10→
←0:10
旭岳
1:00→
←1:30
間宮岳
0:30→
←0:30
中岳分岐
愛別岳分岐
1:00→
←1:10
愛別岳
0:40→
←0:30
1:30→
←1:30
0:40→
←0:40
北鎮分岐
0:20→
←0:15
北鎮岳
お鉢平
1:30→
←1:00
39
白雲岳避難小屋
白雲岳
北海岳
0:30→
←0:40
1:10→
←1:10
1:10→
←1:40
黒岳石室
0:15→
←0:10
桂月岳
1:10→
←0:50
0:30→
←0:20
白雲分岐
0:30→
←0:20
0:10→
←0:15
0:20→
←0:25
黒岳
緑岳
0:15→
←0:20
1:00→
←0:50
0:20→
←0:30
赤岳
←1:50
小泉岳分岐
1:20→
←0:50
7合目
2:20→
←1:40
1:10→
←0:50
リフト
銀泉台
5合目
ロープウエー
2:00→
←1:20
273
層雲峡温泉
至北見
39

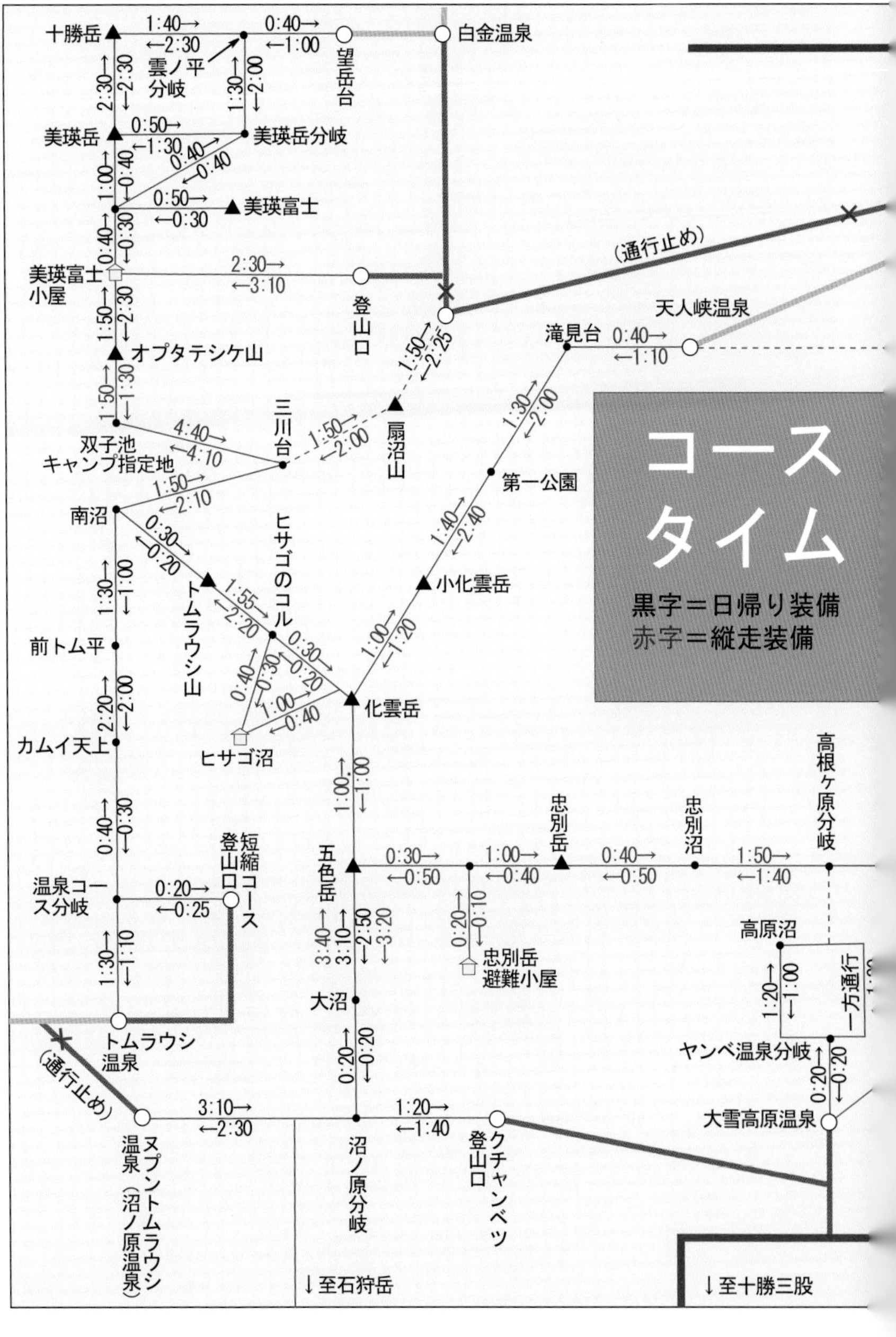

コース
タイム
黒字＝日帰り装備
赤字＝縦走装備
十勝岳
雲ノ平分岐
望岳台
白金温泉
美瑛岳
美瑛岳分岐
美瑛富士
美瑛富士小屋
登山口
（通行止め）
天人峡温泉
滝見台
オプタテシケ山
扇沼山
三川台
双子池キャンプ指定地
第一公園
南沼
ヒサゴのコル
トムラウシ山
小化雲岳
前トム平
化雲岳
ヒサゴ沼
カムイ天上
高根ヶ原分岐
忠別岳
忠別沼
五色岳
短縮コース登山口
温泉コース分岐
忠別岳避難小屋
高原沼
一方通行
大沼
トムラウシ温泉
ヤンベ温泉分岐
大雪高原温泉
ヌプントムラウシ温泉（沼ノ原温泉）
沼ノ原分岐
クチャンベツ登山口
↓至石狩岳
↓至十勝三股

表大雪の概要

■大雪山系の中の表大雪

大雪山という呼び名は、1921年（大正10年）にガイドを伴って沢詰めで黒岳に登った大町桂月が発表した文によって広まった。当初の大雪山は御鉢平を中心とする狭い範囲の山域を示し、現在同様、単独の山の名ではなかった。以前の国土地理院地形図の御鉢平の位置に「ヌタックカムウシュッペ山（大雪山）」と表記されているのもそれを表しているのだろう。

しかしやがて南に連なる忠別岳、化雲岳、トムラウシ山、さらに北部（北大雪）、東部（東大雪）、南部（十勝連峰）の山群も広く登られるようになり、大雪山という呼び名は当初の狭い範囲を指す名と、北海道中央部の高地全体を指す名の両面で使われるようになり、混乱が生じるようになった。

最近は総称を中央高地または大雪山系、各山域を表大雪、北大雪、東大雪、十勝連峰と呼んでいる。表大雪には当初の大雪山を拡張してトムラウシ山までを含むのが一般的なようだ。本書もそれに従っている。

■景観的特徴

2000メートル近い高所になだらかな溶岩台地が広がり、溶岩円頂丘と呼ばれるおわんを伏せたようなピークがいくつも点在する。山容は穏やかで、高さや険しさよりも、山のおおらかさ、広さを楽しみながら歩くのが似合う山である。

火山活動でできた山だが氷河期

おわんを伏せたような溶岩円頂丘の山々。間宮岳から

をくぐっているため、カールが存在するという意見もある。侵食が激しくて地形の保存が悪く、火山地形と似た点もあってはっきりしないが、明瞭な構造土は随所に見られる。

　広大な溶岩台地に展開するお花畑も、大雪山の特徴である。五色ヶ原、銀杏ヶ原《いちょうがはら》のスケールの大きさは、他では見られないものだ。

■登山の時期

　登山コース上の残雪がほぼ消え、夏山登山ができるようになるのは7月に入ってからである。しかし、積雪が多く夏でも冷涼な気候ゆえに、黒岳から北鎮岳へ向かうポピュラーなコースでさえ、秋にならなければ道が完全に現れないような箇所もある。

　初心者が安心して登山できるのは、7月中旬から8月下旬までのごく短い期間である。この時期は高山植物も美しい季節で、道内外の多くの登山者が集中する。そんな季節でも寒冷なオホーツク高気圧に覆われた早朝は、放射冷却によって気温が下がり、水場の水が凍ることも珍しくない。

　稜線《りょうせん》の紅葉は8月末から始まるが、中腹のダケカンバ、ナナカマドなどの紅葉は9月中旬から末にかけてである。日本一早く美しい紅葉を見ようと登山者だけでなく観光客も多く訪れる。

　と同時に大雪山は日本で最も初雪が早く、例年9月10日ごろに初冠雪の便りを聞く。紅葉のさなかに猛吹雪に見舞われることも決して珍しいことではない。

　紅葉時期が終わる9月いっぱいで休業する施設も多く、すぐに本格的な積雪が始まる。

長い登山道を刈るのは大変な労力だ

整備中の高原温泉沼めぐりコース

■登山道の状況

登山道の状況は道内の他の山域に比べると総じて良い。2015年から導入されたグレーディング（評価制度）に伴い、新しい道標の設置が進み、洗掘やぬかるみなど悪路の補修も随時行われている。2020年には五色ヶ原やトムラウシ山―オプタテシケ山間など大規模なササ刈りも実施された。

しかし、これらの整備と予算・人手は常に対になるもので、必ずしも定期的に行われるものではない。広い山域だけに整備が及びにくかったり、国立公園の計画対象外のために未整備の道もある。あるいは数年間のうちに状況が大きく変わることも少なくない。

■登山の注意点

大雪山ではガスなどで視界を失うことによる道迷いが深刻である。平たんな地形が多く、植物の生えないれき地が多いために登山コースを見失いやすいのだ。遅くまで残る雪渓も同様である。

一部の急な雪渓は、朝など雪の硬い時の滑落に十分注意が必要だ。時期やコースによっては軽アイゼンなどを用意すべきである。

また、気候は本州の中部山岳の3000メートル級の山に匹敵する。軽装で出かけて冷たい雨や吹雪に遭い、低体温症で命を落とす事故も後をたたない。山小屋など逃げ込む場所のない高山帯だということを、常に頭に置いておきたい。

携帯電話は電話会社にもよるが、多くの山頂で通話が可能だ。しかし、山麓の街が見通せないようなエリアでは通じにくく、特に主稜線の東側、具体的には赤岳や緑岳、沼ノ原などは使えないこと

広い雪渓では視界不良時に進路を見失いがちだ。赤岳奥ノ平

が多い。

交通

中央高地の中で表大雪は最も交通の便がよい。登山基地となる層雲峡温泉、旭岳温泉は古くから温泉郷として親しまれ、旭川市などから路線バスが運行されている。

また、この2カ所はロープウエーやリフトが架かっており、標高1500メートル超まで汗をかかずに達することができる。

層雲峡温泉からさらに奥へは銀泉台に入る便があり、7~9月の間、道北バスが1日2往復している(欲を言えばより早朝、夕方の便がほしいところだが)。ちなみに銀泉台の標高も約1500メートルだ。

大雪高原温泉とクチャンベツ登山口はバス路線がなく、マイカーかタクシー利用となる。前者と銀泉台は秋の紅葉シーズンに交通規制が実施され、一時的に山麓からシャトルバスの運行がある。

トムラウシ温泉へは1日1往復のバスの便がある。天人峡温泉、愛山渓温泉への便はない。

宿泊施設

層雲峡温泉、旭岳温泉は多数のホテル、旅館などがある。天人峡温泉、愛山渓温泉、大雪高原温泉、トムラウシ温泉は、各1軒ずつ営業している。

なお、山小屋やキャンプ指定地については、216ページの「縦走登山の注意点」を参照されたい。

国立公園法の規制

登山コースの主要部分は大雪山国立公園の特別保護地区であり、動植物、石など一切のものを持ち出したり、手を加えたり、指定の道以外を歩いたり、指定以外の場所でキャンプをすることができな

小泉岳のホソバウルップソウ

中岳温泉の仮設携帯トイレブース

い。特に縦走登山をする場合は、十分認識して計画してほしい。

■ トイレ問題

人気の山であるがゆえに登山者が多く、し尿問題やそれに伴う自然破壊が深刻である。トイレのないキャンプ指定地では至るところにトイレ道（キジ道）ができ、水場の汚染も懸念されている。山小屋のトイレも、不潔などの理由からこれを使わずヤブに入って用を足す人がいるようだ。

こうした問題を踏まえ、大雪山国立公園連絡協議会が中心となって18年から「大雪山国立公園携帯トイレ普及宣言」が実施されている。キャンプ指定地や登山者が集中する箇所に携帯トイレブースを設置。それとともに登山者も携帯トイレを携行し、野外にし尿を排出しないよう普及していくという取り組みだ。

日帰り登山であっても携帯トイレは必携装備の一つと考えよう。登山用の携帯トイレは登山口の売店や登山用品店で購入できる。

■ ヒグマ、キタキツネの害

北海道ではどこでもヒグマの危険はつきまとう。大雪山も同様で、場所を問わず出没の可能性がある。特に大雪高原温泉から高根ヶ原にかけての樹林帯はヒグマの保護地区になっており、出没状況によって通行禁止になるコースがある。

登山者としては登山口の出没情報掲示などに注意し、鈴、笛などの鳴り物で存在を知らせること、ヒグマがあさるゴミ類は一切出さないことを心がけたい。対応を誤ると事故を大きくするので、ヒグマに関する本も読んでおこう。

また、キタキツネにテントを破

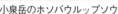

られたり食料を取られる被害も少なくない。荷物管理はしっかりと。

■植物、昆虫

大雪山は花の山としても有名で、240種もの高山植物が自生するといわれる。固有種であるダイセツトリカブト、ダイセツヒナオトギリ、ホソバウルップソウ、エゾミヤマツメクサなどをはじめ、希少種も数多い。また、単一種が広大なお花畑を形成するのも大雪山ならではの眺めである。

高山性の昆虫も豊富である。なかでもウスバキチョウ、ダイセツタカネヒカゲ、アサヒヒョウモンなどの高山蝶《ちょう》が有名だ。

携帯トイレブースの使い方

高密度チャック袋の中に吸水シート入りの便袋が入っている

①携帯トイレブースの内部。便座状の便器が設置されている（美瑛富士避難小屋）

②便袋の口をミシン目からテープ状に切り取る。後から縛るので捨てないで

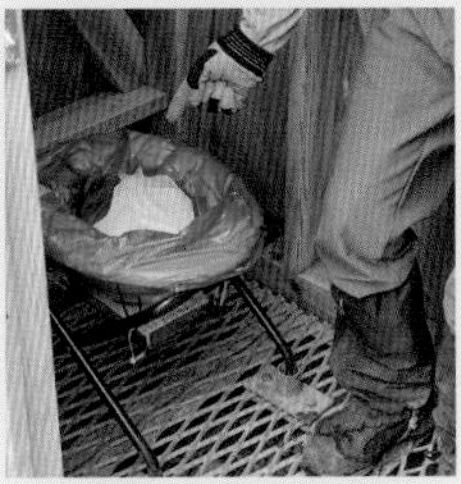

③便器の中に便袋を入れ、口を折り返すように便座にかぶせる。これでセット完了

④用を足す。必ず座って！　一つの携帯トイレで大便1～2回、小便3回ほど使用可能

⑤終わったら、先ほど切り取ったテープで便袋の口をしっかりと縛る

⑥便袋をチャック袋に入れて密閉。下山口の回収ボックスへ。または持ち帰る

登山コース評価の見方

本書では各登山コースを初・中・上級に分け、コース名の枠色をそれぞれ赤、緑、青で色分けした。設定はできるだけ客観的な評価となるように、各要素を数量化した独自の評価表をつくり決定した。ここでいう上級とは北海道の夏山の登山道のあるコースで最も困難なものを上限としたので、沢登りや岩登りによる登山、あるいは道外の登山にはあてはまらない。標高差、登山時間は山中泊の場合も含め、出発点から山頂までの合計を基準とした。また、7、8月ごろを前提としており、残雪期の雪渓歩行などによる難度の変化は各自で判断してほしい。

体力	必要体力＝標高差	300m未満 30点	300m～600m未満 35点	600m～900m未満 40点	900m～1200m未満 45点	1200m～1500m未満 50点	1500m以上 55点
体力	登山時間加算	長時間登山とキャンプ用具等運搬に要する体力を加算		3時間未満 D 0点	3時間～5時間未満 C 5点	5時間～8時間未満 B 10点	8時間以上 A 15点
判断・技術力	高山度＝山の標高	標高の上昇に伴う気温低下、気象の激変判断		600m未満 D 0点	600m～1100m未満 C 5点	1100m～1600m未満 B 6点	1600m以上 A 10点
判断・技術力	険しさ	岩場、ガレ、雪渓等		D 0点	C 5点	B 6点	A 10点
判断・技術力	迷いやすさ	迷いやすい地形や道路状況等		D 0点	C 5点	B 6点	A 10点
総合点		合計の端数を5点単位に整理して表示する					
備考		本文の表では必要体力以外は各点を低い順からＤＣＢＡで表示					

初級（30点～50点）	中級（55点～70点）	上級（75点～100点）
【例】 写万部山（35）	【例】 旭岳（55）	【例】 芦別岳（75）
樽前山（40） 塩谷丸山（40）	恵庭岳（60） 夕張岳（65）	利尻山（80） トムラウシ山（80）
黒岳（45） 雌阿寒岳（50）	斜里岳（65） 石狩岳（70）	幌尻岳～戸蔦別岳（100）

※幾つものピークを登る場合はピーク間の落差を加えた「獲得標高差」で判断する

層雲峡温泉から登る山

黒岳、赤岳、白雲岳、大雪高原沼めぐり、五色岳など

●交通

層雲峡温泉行きバス　JR旭川駅、または上川駅から１日７往復運行。旭川から１時間55分、上川から30分。**道北バス**　☎0166-23-4161

銀泉台行きバス　層雲峡ホステルから赤岳登山バスが１日２往復運行。７月１日～９月30日。約１時間。**道北バス上川営業所**　☎01658-5-3321

大雪山層雲峡・黒岳ロープウェイ（りんゆう観光）　☎01658-5-3031。６月１日～９月30日：６時～18時。10月１日～15日：６時～17時。

層雲峡観光ハイヤー　☎01658-2-1181（上川）、☎01658-5-3221（層雲峡）

●駐車場

ロープウエー前60台（無料）、公共駐車場180台（無料）。

●キャンプ場

層雲峡オートキャンプ場　☎01658-5-3368。層雲峡から旭川寄りに約6.6km、陸万バス停近く。開設＝６月中旬～９月下旬。有料

層雲峡野営場　☎01658-2-1811（層雲峡観光協会）　層雲峡から石北峠寄りに約１km。開設＝７～９月。無料

●登山関係機関

層雲峡ビジターセンター　☎01658-9-4400

層雲峡観光協会　☎01658-2-1811

上川町産業経済課商工観光グループ　☎01658-2-1211

環境省上川自然保護官事務所　☎01658-2-2574

上川中部森林管理署上川森林事務所　☎01658-2-2001

1984m

黒岳《くろだけ》

朝陽山パノラマ台から

　黒岳は1924年（大正13年）、大雪山で最も早く登山道が開かれた山である。67年にはロープウエーが完成し、大雪山一、楽に山頂に立てる山となった。現在も表大雪登山の中心基地といえる。

　気軽に登れることから層雲峡観光の目玉になったが、同時に自然破壊ももたらし、一時は山頂の高山植物が壊滅した。現在では関係者の努力で復元し、登山者の目を楽しませている。

層雲峡コース

大正時代から続く層雲峡からの道

■コースタイム（日帰り装備）

層雲峡 ―2:00↓ 1:20↑― 5合目 ―1:10↓ 0:50↑― 7合目 ―1:20↓ 0:50↑― 黒岳

標高差　約1355メートル《メートル》
登り　4時間30分
下り　3時間

ロープウエー層雲峡駅前を左へ

■ガイド（撮影7月3日）

ロープウエー黒岳駅へ

　本コースはロープウエーを使わず、大正時代から利用されてきた道をたどる。標高差

層雲峡温泉から

体力（標高差）	50点
登山時間加算	C5
高山度（標高）	A10
険しさ	D0
迷いやすさ	D0
総合点65点（中級）	

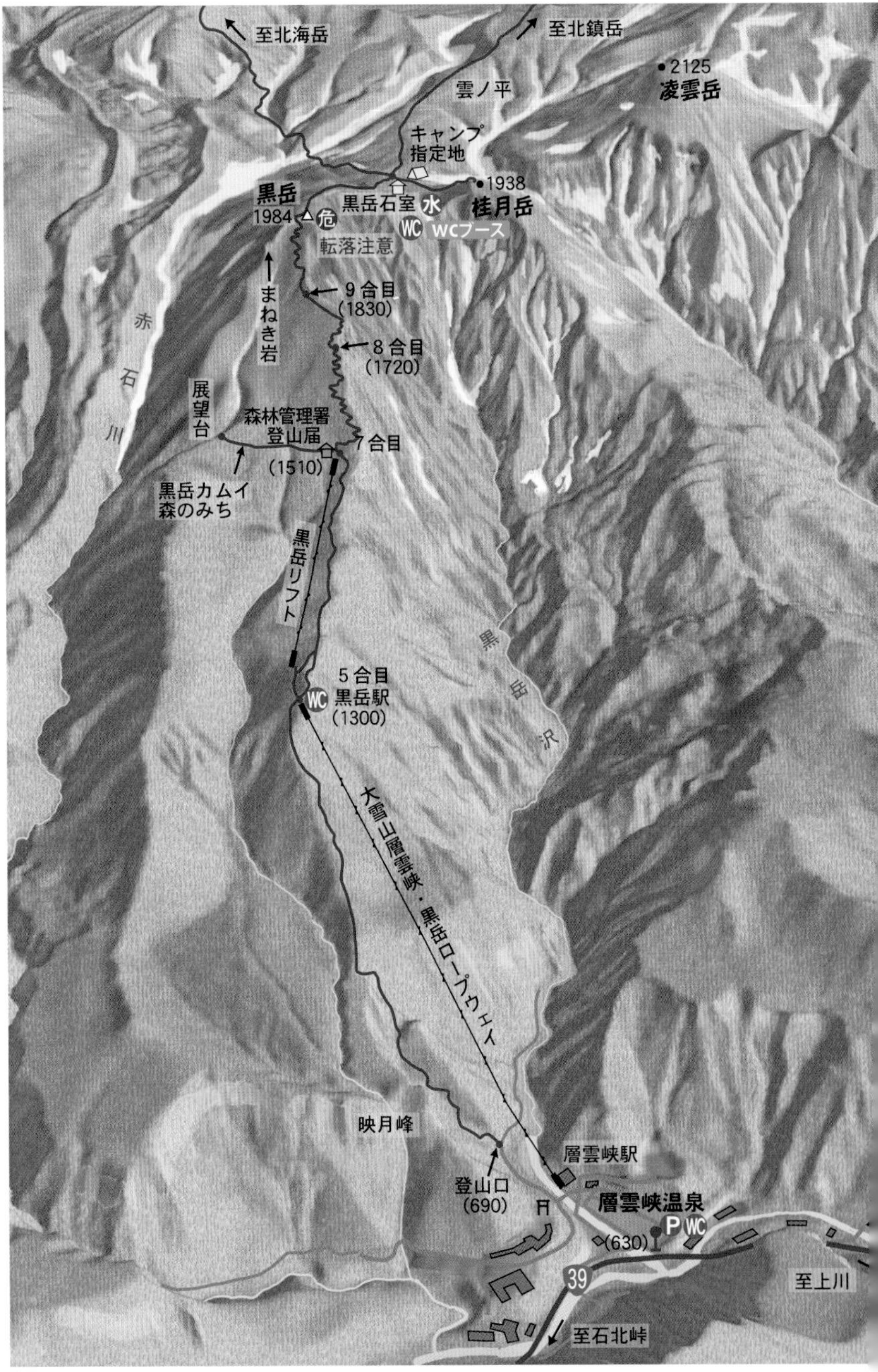

至北海岳
至北鎮岳
2125
凌雲岳
雲ノ平
キャンプ
指定地
1938
黒岳
1984
黒岳石室
水
桂月岳
危
WC
WCブース
転落注意
まねき岩
9合目
(1830)
8合目
(1720)
赤石川
展望台
森林管理署
登山届
7合目
(1510)
黒岳カムイ
森のみち
黒岳リフト
黒岳沢
5合目
黒岳駅
(1300)
大雪山層雲峡・黒岳ロープウェイ
映月峰
層雲峡駅
登山口
(690)
層雲峡温泉
P
(630)
39
至上川
至石北峠

樹林帯の道は細いが明瞭だ

層雲峡の車道脇にある登山口標識

黒岳駅を過ぎリフト乗り場手前で右の登山道へ

背の高いササが茂る尾根上の道

は1300㍍超と大きいが、古くからの道だけに歩きやすい。ただし、大雨の後などは落石の危険性から通行止めになることがある。

ロープウエー層雲峡駅左手の黒岳沢を渡り、右岸の車道を250㍍ほど上流に向かったところが登山口だ。道は序盤から急斜面にジグザグを切って高度を上げてゆく。周囲は広葉樹が多く、林床にはシダ類やエゾレイジンソウが目立つ。

標高差200㍍ほどを登って平たん地に出たのち、木々に隠れて見えにくいが左手の岩壁下をトラバースするように登ってゆく。二度ほど折り返して尾根上に出たら、あとはこれをたどる。一帯は54年の洞爺丸台風で大きな風倒木被害が出たが、ダケカンバを中心に痕跡を感じさせないほどに回復した。その森の中からロープウ

周囲が開け、リフト終点の先に黒岳山頂が見えてきた

案内人のようにエゾシカが現れた

エーの発着チャイムが聞こえてくると、ほどなく黒岳駅の前に出る。

黒岳駅から7合目へ

　黒岳駅からリフト乗り場へ向かう散策路を進み、乗り場手前で右に分かれる登山道に入る。はじめはササ原を開いたぬかるみ気味の道だが、次第に明るい針広混交林となる。やがて前方が開けて爪のような黒岳が見え、斜度が増した道を登りきればリフト終点の黒岳7合目。以降は次項に続く。

ロープウエーは層雲峡温泉から標高差約650 m を約7分で上る

7合目の登山事務所。トイレはない

黒岳駅からリフト乗り場までは5分ほど

7合目コース

ロープウエー経由で7合目から

■コースタイム（日帰り装備）

7合目 ―1:20↓ 0:50↑― 黒岳

標高差　約475メートル
登り　1時間20分
下り　50分

■ガイド（撮影7月3日ほか）

本項はロープウエーとリフトを利用して7合目まで上り、そこをスタートとする。ほとんどの登山者がこのパターンであろう。効率よく高度を稼ぐことが

黒岳7合目から

体力（標高差）	35点
登山時間加算	D 0
高山度（標高）	A10
険　し　さ	D 0
迷いやすさ	D 0
総合点45点（初級）	

8合目から9合目にかけてはチシマノキンバイソウが多い

7月上旬までは所々に残雪がある。踏み抜きやスリップに注意

できる半面、営業時間を頭に入れて行動する必要がある。夏山シーズンの6~9月は、層雲峡からの始発が6時、7合目からの下り最終が17時30分である。ロープウエーとリフトの所要時間は乗り換えを含めて30分程度かかる。またトイレと飲み水は黒岳駅が最後で、7合目にはない。

黒岳カムイ森のみち

7合目登山事務所の横から南東に延びる散策路で、2016年に

森のみち展望台からのあまりょうの滝

リフトや層雲峡温泉、さらにニセイカウシュッペ山の展望が広がる

開かれた。黒岳登山には直接関係のない道だが、終点には展望台があり、黒岳山頂や「あまりょうの滝」を遠望できる。片道10分程度なので寄ってみるといいだろう。自然の復元を考慮した近自然工法と呼ばれる方法で作られている。

7合目から黒岳へ

リフト終点駅を出た左手に山小屋風の森林管理署事務所があり、登山届を記入する。黒岳への登山道はよく整備されているとはいえ、ここから先は登山の領域となり避難場所もない。仮に観光ついでの登山だとしても、しっかりとしたトレッキングシューズ、雨風に備えた雨具類、行動食や飲水の携行などを忘れないようにしたい。

地形図でも分かるように7合目を境に斜面はぐんと急になるが、道はジグザグを切っているので、

まねき岩が肩を並べると山頂は近い。背後遠くは東大雪の山々

さほど斜度を感じない。ただし、7月上旬までは随所に雪が残るので注意しよう。はじめはウコンウツギやミヤマハンノキなど背の高いかん木帯の登りだが、程なく周囲の展望が開けてくる。背後に大きいのはニセイカウシュッペ山をはじめとする北大雪の山々だ。

8合目を過ぎた先で左に大きく

各合目ごとに標柱が立ち、ベンチも設置

広々とした黒岳山頂。小さな祠（ほこら）もある

柔和な山々が多いなか、険しい様相を見せる黒岳沢（8月下旬）

トラバースするように進む。周囲にはチシマノキンバイソウの群落、キバナノコマノツメ、ジンヨウキスミレ、カラマツソウ、クロユリなどの高山植物が現れ、気分が盛り上がってくる。やがて正面に「まねき岩」の岩塔が見えてくると9合目。再びジグザグを切るように登り、いつしかそのまねき岩が目線より下になると、程なく黒岳の山頂だ。

山頂に飛び出した瞬間の感激は特筆ものだ。表大雪のほとんどの山々が大パノラマとなって視界に飛び込んでくるのである。左から烏帽子岳に赤岳、白雲岳、北海岳、そして奥に最高峰の旭岳。さらに御鉢平をめぐる山々から北鎮岳、凌雲岳、桂月岳と続く。

中でも北鎮岳に描かれる雪渓模様は、おなじみの千鳥と白鳥をは

黒岳山頂から石室へ。北鎮岳（右）の雪渓模様が目を引く

じめ、さまざまな生き物たちが遊び躍動するようだ。また、手前右手の険しい谷は黒岳沢で、大町桂月が1921年（大正10年）に大雪山を縦走した際、登路に取ったルートである。

一方、一見何も無さそうな足元の砂れき地には、エゾツツジやコマクサ、イワブクロ、イワウメなどさまざまな花が咲き誇る。実はこれらの植物はロープウエーができて間もないころ、盗掘で絶滅しかかった。種まきや移植、ロープ類によるパーティションなど、長い年月をかけて今日の回復に至っているのである。これからも登山者個々の協力をお願いしたい。

なお、頂上の北側は絶壁となって切れ落ちている。転落を防ぐ意味でも、ロープを越えて外に出ないように。

キバナシャクナゲに彩られた石室近くのお花畑。背後は北海岳

黒岳石室へ

■ コースタイム（日帰り装備）

黒岳 0・20↓ ↑0・25 黒岳石室

天気が良く時間に余裕があれば、各コースの起点となる黒岳石室まで足を延ばしてみよう。山頂からなだらかな尾根上を緩く下り、ハイマツの原へと入っていく。コースの両側はロープが張られ迷う心配はない。

その先で道は岩の多い斜面へと移り、イソツツジやイワウメ、チシマツガザクラなど多くの花が咲くなかを下ってゆく。下りきったら雪渓を横切り、キバナシャクナゲやチングルマが咲く平たんな道を進んだ先が石室前の十字路である。右へ入れば石室と桂月岳、直進は雲ノ平経由で北鎮岳、左は北海岳から白雲岳方面に通じている。

黒岳山頂下から見た黒岳石室とキャンプ指定地

黒岳石室

1923 年（大正 12 年）建設、当時の石組みを今に残す歴史ある小屋。大雪山の稜線《りょうせん》上で唯一の営業小屋でもある。

素泊まりのみで、食事提供はない（非常食などの販売はあり）。また寝具もないのでシュラフ等を持参すること。利用にあたっては当面、事前に問い合わせを。

トイレは原則的に携帯トイレを持参し、隣接するトイレ舎内ブースで使用する。

▶収容人員：80 人
▶宿泊料：2000 円
▶営業期間：6 月下旬～ 9 月下旬（期間外開放）
▶管理・問い合わせ先＝りんゆう観光☎01658-5-3031

黒岳キャンプ指定地

石室に隣接し利用は石室に申し込む。水場は近くの雪渓水を使用。

▶設営数：20 張り
▶利用料：500 円/人

1938m

桂月岳《けいげつだけ》

イラスト地図は23《ページ》

北海岳付近から

大雪山にまつわる名言「富士山に登って、山岳の高さを語れ。大雪山に登って、山岳の大いさを語れ」は、明治・大正の文人、大町桂月が残したもの。その大町が1921年（大正10年）に黒岳沢から黒岳に登った際、同行した新聞記者が無名峰だったこの山に桂月岳の名をつけたという。石室から標高差約50mの丘のような存在だが、黒岳登山のプラスアルファ、あるいはご来光の展望台として親しまれている。

黒岳石室コース

石室からの散策 黒岳の岩壁が圧巻

■コースタイム（日帰り装備）

7合目—1:20↓ 0:50↑—黒岳—0:20↓ 0:25↑—黒岳石室—0:15↓ 0:10↑—桂月岳

黒岳7合目から
獲得標高差　約530《メートル》
登り　1時間55分
下り　1時間25分

■ガイド（撮影7月3日）

黒岳石室までは前項を参照されたい。石室前を通り過ぎ、トイレの前に登り口がある。ハイマツと砂れきの平たん地を抜け、山の基部を左に折れる。斜面に取り付いたら、岩に記されたペンキ印を見落とさぬよう、ジグザグを切って登ってゆく。傾斜が緩んできたらすでに山頂部の一画で、見た目よりあっけない到着に拍子抜けするほどだ。

山頂を示

黒岳7合目から

体力（標高差）	35点
登山時間加算	D0
高山度（標高）	A10
険しさ	D0
迷いやすさ	D0
総合点45点（初級）	

山頂一帯は広い石庭風

平たん地を横切って桂月岳へ

石室方面を振り返る。左の鋭鋒は烏帽子岳、右奥が白雲岳

すものは特になく、中央の岩が積み重なった高みが最高点。ただし、日の出や黒岳の岩壁を見るなら向かって右手、東寄りに進むとよい。ちなみに夏の日の出は7月1日が午前3時50分、8月1日が午前4時20分、9月1日が午前4時50分頃である。層雲峡を挟んで北大雪の山々の背後から昇ってくる。

石室泊まりならぜひ早起きしてご来光を

2244m

北鎮岳《ほくちんだけ》

裾合平コース126ジペー、愛山渓コース160ジペー

北海岳から

北海道第2の高峰である。旭岳や黒岳などのように麓から直接登る登山口はもたず、黒岳や中岳を経由して登ることになる。しかし黒岳リフト終点から3時間30分で山頂に立つことができ、日帰りで縦走気分が味わえる。この山を有名にしているのは黒岳から見る白鳥・千鳥の雪渓であるが、途中の雲ノ平のお花畑や登る途中のれき地のお花畑、御鉢平《おはちだいら》展望台など見どころも多い。

雲ノ平コース

黒岳石室から雲ノ平を経て登頂

■コースタイム（日帰り装備）

黒岳7合目 1:20↓ 0:50↑ 黒岳 0:20↓ 0:25↑ 黒岳石室 1:30↓ 1:00↑ 北鎮分岐 0:20↓ 0:15↑ 北鎮岳

獲得標高差　約840メートル
登り　3時間30分
下り　2時間30分

■ガイド（撮影7月18日、25日）

層雲峡温泉から黒岳石室までは22ジペーを参照されたい。

石室前の十字路を西に向かう。黒岳方面からは直進である。一帯は雲ノ平と呼ばれる平たん地で、

雲ノ平を横切り北鎮岳へ

雲ノ平に咲くキバナシャクナゲととがった山容が特徴の烏帽子岳

ハイマツ帯と開けたお花畑が広がっている。左手は氷河期と関係がある構造土と思われる直径1メートルほどの半球状の盛り上がりが無数に並び、キバナシャ

雲ノ平から赤石川を遠望する

黒岳7合目から

体力(標高差)	40点
登山時間加算	C 5
高山度(標高)	A10
険　し　さ	D 0
迷いやすさ	C 3
総合点60点（中級）	

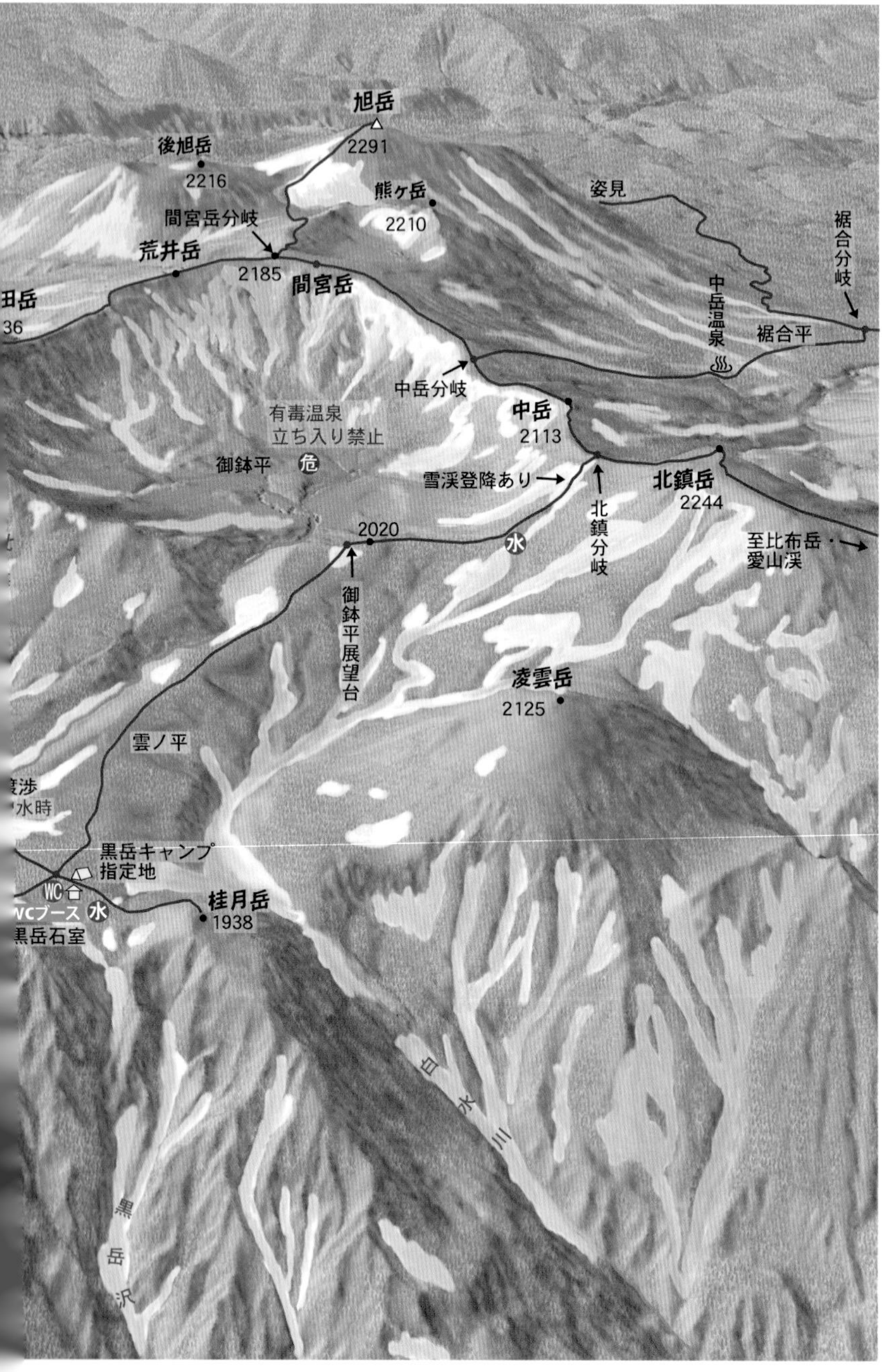
旭岳
2291
後旭岳
2216
熊ヶ岳
2210
姿見
裾合分岐
間宮岳分岐
荒井岳
2185
間宮岳
中岳温泉
裾合平
中岳分岐
中岳
2113
有毒温泉
立ち入り禁止
御鉢平
危
雪渓登降あり
北鎮岳
2244
北鎮分岐
2020
水
至比布岳・
愛山渓
御鉢平展望台
凌雲岳
2125
雲ノ平
黒岳キャンプ
指定地
WC
WCブース
水
黒岳石室
桂月岳
1938
白水川
黒岳沢

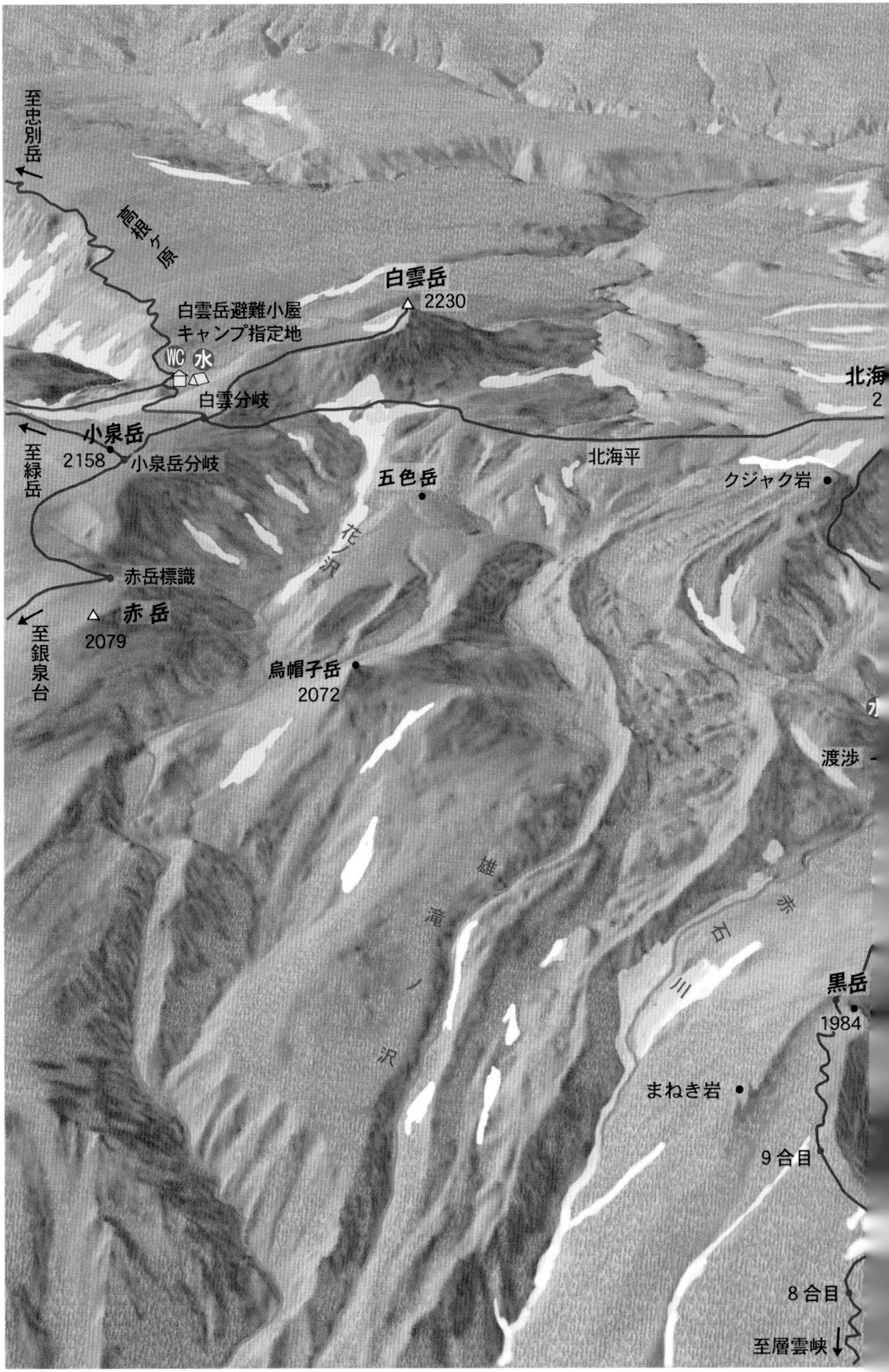

至忠別岳
高根ヶ原
白雲岳
2230
白雲岳避難小屋
キャンプ指定地
WC
水
白雲分岐
北海
2
至緑岳
小泉岳
2158
小泉岳分岐
北海平
五色岳
クジャク岩
花ノ沢
赤岳標識
赤岳
2079
至銀泉台
烏帽子岳
2072
渡渉
雄滝ノ沢
赤石川
黒岳
1984
まねき岩
9合目
8合目
至層雲峡

御鉢平展望台から見る御鉢平。正面は間宮岳

羽毛となって揺れるチングルマ

クナゲやチングルマ、ツガザクラ類に覆われている。右手はやはり構造土らしきしま状の砂れきにチシマツガザクラが多く見られる。

巻頭でも触れたが、これら単一または少数種が大群落を作って咲き誇る光景は実に見事で、大雪山ならではのものといえる。コマクサ、イワヒゲ、イソツツジなど他にも次々と高山植物が現れ、その都度ペースが落ちてしまうところだ。花の見頃は例年7月上旬から

黒岳を背に北鎮分岐下の雪渓を登る

展望台からお鉢の縁を北鎮岳へ

北鎮岳の雪渓からの小川は遅くまで安定して水が得られる

北鎮分岐。山頂まであとひと頑張り

下旬が目安といったところ。

前方の凌雲岳がいつしか右手に並び、さらに後方に回ると、早い時期は小さな雪渓の残る斜面に行き当たる。これを登ったところが、２０２０メートル標高点の御鉢平展望台。直径約２キロの御鉢平を一望でき、特に手前に流れ集まってくる赤石川の様子がよく分かる。お鉢内部は時折有毒ガスが吹き出ると言われ、立ち入り禁止になって

北鎮岳から比布岳方面の展望

北鎮岳山頂。視界不良時は下り口に注意

いる。過去には人やヒグマが死んだ例があるそうだ。

道は右に折れ、お鉢の縁に沿って緩やかに登ってゆく。北鎮岳の斜面が迫ってくると右手に雪渓の雪解け水を集めた小沢が現れる。いい水場であるとともに、周辺はお花畑になっている。

この先から斜度が増し、大きな雪渓に入っていく。この雪渓はお鉢の底まで続くもので、夏山シーズン終盤まで残る。ルートはマーキングされているので迷う心配はないが、早朝など雪の硬いときは滑落に注意したい。

登りきるとお鉢の周回路と北鎮岳への登路とを分ける北鎮分岐である。広々とした分岐点は多くの人が一休みするところ。だが、山頂までの標高差は残り１００《メートル》ほど。砂れきの急斜面に小さくジグ

山頂から旭岳方面を望む。足元に咲くのはイワウメやイワヒゲ

ザグを切る道をたどれば、見た目ほどの大きさを感じないまま登りきってしまうことだろう。

北海道第2の高峰だけあって眺めは抜群だ。新たに展開する比布岳や愛別岳方面をはじめ、お鉢の全容、旭岳からトムラウシ山、遠く十勝連峰、さらに北大雪や東大雪など中央高地のほぼ全体が見渡せる。山頂に設置された立派な方角盤が、山座同定の楽しみを引き立ててくれよう（刻まれた年号には複雑な思いもあるが）。

昭和15年と記された方角盤

2185m
（間宮岳）

御《お》鉢《はち》平《だいら》1周《いっしゅう》

イラスト地図は38－39ページ

北海岳から

御鉢平は大雪山の中央に位置する直径約2kmのカルデラである。約3万年前、中心部にあった成層火山が爆発し形成されたとされる。当初は湖だったが、約1万年前に北東側の外壁が決壊し湖水が流出、現在の姿になった。外壁上には北鎮岳、間宮岳、北海岳などのピークが並び、それらを結んで登山道がある。周回登山を楽しむ人や周辺の山々を行き来する縦走者らでにぎわっている。

時計回りコース

天地創造を感じつつ雄大な尾根を歩く

■**コースタイム**（日帰り装備）

黒岳石室―1:40↓ 1:10↑―北海岳―0:40↓ 0:40↑―間宮岳―1:10↓ 1:00↑―北鎮分岐―1:00↓ 1:30↑―黒岳石室

時計回り1周　4時間30分

（反時計回り1周　4時間20分）

■**ガイド**（撮影7月19日、9月25日）

このコースは周回路として歩けるほか、各方面への縦走路をつなぐ連絡路としても重要な役割を果たしている。ここではアプローチしやすい黒岳石室を起点として、時計回りで紹介するが、縦走の過程などで部分的に歩く場合も参考にしてほしい。なお、グレード表

チングルマの紅葉。黒岳石室から赤石川への下りで。背後は凌雲岳（右）と北鎮岳

は黒岳7合目を起点に日帰りで御鉢平を1周することを前提にしたものである。

黒岳7合目から

体力(標高差)	45点
登山時間加算	C 5
高山度(標高)	A10
険　し　さ	C 3
迷いやすさ	C 3
総合点65点（中級）	

黒岳石室から北海岳へ

黒岳石室の十字路を南に入る

北海沢は飛び石で渡ることができる

縦走者も多い北海岳

クジャク岩を見ながら北海岳へ

松田岳付近から北海岳を振り返る。緩やかな起伏が続く

と、赤石川まで緩い下りが続く。両側は湿性の高いお花畑で、雪解けとともにエゾコザクラ、チングルマ、ハクサンボウフウ、ツガザクラ類が咲き乱れる。秋には草紅葉も美しいところだ。

赤石川は水量があるが、網で固めた飛び石があり、通常時は特に問題ない。増水しても比較的早く減水するので、焦らず待とう。また、御鉢平の有毒温泉が水源となっており飲用に適さない。渡った先で小さなハイマツの尾根を越えると今度は北海沢。赤石川より狭く、飛び石で渡れる。

秋口まで残る対岸の雪や足元の花々を眺めながら、しばし北海沢右岸の道を進む。途中、左からの支沢はよい水場だ。

道はその先で直角に折れ、ハイマツとミヤマハンノキの急斜面に

秋の御鉢平。紅葉が流れ出るマグマのようにも見える。北海岳から

松田岳ー間宮岳間はエゾタカネスミレが多い。トムラウシ山をバックに

間宮岳付近からの御鉢平。対面の御鉢平展望台（40ページ）と見比べてみよう

取り付くが、ほどなく右に斜上し砂れきの尾根をたどるようになる。頭上にはクジャク岩と呼ばれる岩壁が広がり、道はその下をトラバースしながら登ってゆく。やがて風衝地の広い尾根となり、左に白雲岳が見えてくると北海岳だ。

北海岳から中岳分岐へ

北海岳は表大雪の中心に位置し展望は素晴らしい。特に御鉢平越しの北鎮岳が見事だ。白雲岳方面への道を左に分け、お鉢の外壁に沿って南西に下ってゆく。遮るもののない砂れきの尾根は終始好展望で、右に御鉢平、左に白雲岳から忠別川上流域の池塘《ちとう》群、トムラウシ山を見ながらの闊歩《かっぽ》が続く。

途中、小さな石積みのある丘は松田岳。さらに荒井岳、間宮岳と続くが、いずれもピーク感のないまま通り過ぎてしまうだろう。こ

中岳の登りから間宮岳方面を振り返る

中岳から見る北鎮岳。中央の肩が北鎮分岐

れらは大正時代に大雪山を世に紹介した小泉秀雄によって命名されたもので、当時の探検家や地元功労者の名にちなんでいる。一帯は随所にエゾタカネスミレが小群落をなし、単調になりがちな砂れきの稜線《りょうせん》に彩りを添えている。

広々とした間宮岳分岐で旭岳方面への道を左に分け、その先に立つ間宮岳標柱から中岳分岐に向けて下ってゆく。途中の河川工事のような石垣は、深く浸食された登山道を改修したものだ。

中岳分岐から黒岳石室へ

中岳分岐は中岳温泉や裾合平方面の分岐点。御鉢平1周は北鎮岳に向かって直進する。標柱によってそれと分かる中岳を過ぎ、もう一段高度を上げると北鎮分岐に着く。そこから黒岳石室までは36ページ「北鎮岳」を参考にしてほしい。

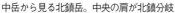

トムラウシ山をバックに咲き乱れるツガザクラ類。北海平付近にて

北海岳近くに咲くキバナシオガマ。国内では大雪山にだけ咲く

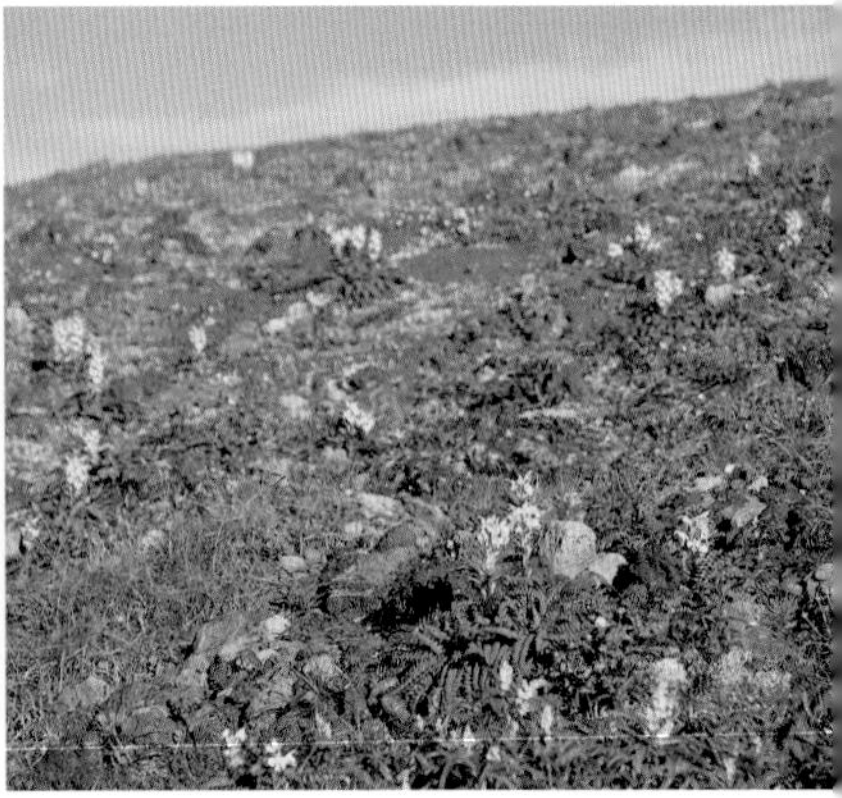

北海岳から白雲分岐へ

気分は変化に富んだ高原歩き

■コースタイム（日帰り装備）

北海岳 ─1:10↓ 1:10↑─ 白雲分岐

■ガイド（撮影7月19日）

この区間は途中にピークがあるわけではないが、旭岳・黒岳方面と白雲岳、赤岳、さらに高根ヶ原方面を結ぶ縦走路として重要なものであり、利用者も多い。また広々とした溶岩台地とそこに広がるお花畑はいかにも大雪山らしさにあふれており、歩いて楽しいコースである。

北海岳の山頂から御鉢平を背に南東に向かって下る。正面に鎮座する巨岩を盛ったような山は白雲岳だ。目指す白雲分岐はその左側

白雲岳を正面に見ながら北海平をゆく。左のなだらかな山は小泉岳

花ノ沢源頭から見る烏帽子岳（右）と黒岳（左）

のなだらかな鞍部《あんぶ》にある。歩き始めてすぐの斜面には大雪山の固有種であるキバナシオガマが多く見られ、その後もイワウメ、エゾオヤマノエンドウ、エゾマメヤナギなどが目を楽しませてくれる。

道は広い尾根上をゆったりと起伏しながら徐々に下り、北海平と呼ばれる尾根とも台地ともつかない広大な平たん地へと入っていく。侵食気味の道は遠くまではっきりと目立つが、ガスの濃い日などはルートを外れないよう注意したい。このあたりも花の多いところで、なかでも斜面を覆い尽くすように咲くツガザクラ類やチングルマの群落は特筆に値する。

コース上の最低地点を過ぎ、白雲岳が目前に迫ってきたところで進路は左へと向きを変え、山裾をトラバースするように進む。左に

広い雪渓が残る花ノ沢源頭部

白雲岳の山裾から北海岳を振り返る

広々とした白雲分岐

鮮やかなコケと岩が石庭のよう

U字谷のように見えるのは、下流で流星の滝となって石狩川に落ちる花ノ沢。7月中は広い雪渓となったその上流部を横切り、雪解け後はチシマクモマグサがお花畑となって現れる。さらにその先の源頭部は比較的遅くまで水が得られ、色鮮やかなコケが印象的だ。

右前方に近づいてくる丘のような山は小泉岳で、その稜線上を歩く人々の姿が見えてくると道は右に回り込む。岩れきの斜面をひと登りすれば白雲分岐である。

左（東）は小泉岳を経て赤岳へ、直進（南）は白雲岳避難小屋を経て高根ヶ原へ、そして右（西）は白雲岳山頂への道が分かれる十字路である。広い分岐にはベンチが置かれ、日帰りから長期縦走者までさまざまな人々が行き交う大雪山の要衝といえる場所だ。

2090m

赤岳《あかだけ》

黒岳から

白雲岳から北東に延びる広い尾根上に位置するが、「肩」のような山容はどこから見てもいまひとつパッとしない。しかし、登山口の銀泉台がすでに標高約1500ｍと高く２時間半程度で登れることや、終始、高山植物や展望、さらに秋の紅葉まで楽しめることから人気が高い山である。また、夏山期間中は層雲峡温泉から路線バスが運行しており、これを利用してさまざまなプランニングが考えられるのもポイントだ。

銀泉台コース

登り始めからお花畑
コマクサ群落が見もの

■交通

７月上旬から９月下旬まで、層雲峡温泉から銀泉台まで、大雪山赤岳登山バス（道北バス☎０１６５８－５－３３２１）が運行する。所要時間１時間。１日２往復。

銀泉台の駐車場。登山道は奥へ

■マイカー情報

層雲峡温泉から国道39号、273号経由で約12㌔走り、除雪ステーションの先で銀泉台への標識に従って道道1162号に入る。そこから約

体力（標高差）	40点
登山時間加算	Ｄ０
高山度（標高）	Ａ10
険しさ	Ｄ０
迷いやすさ	Ｄ０
総合点50点（初級）	

第一花園の斜面とニセイカウシュッペ山。紅葉の名所だ

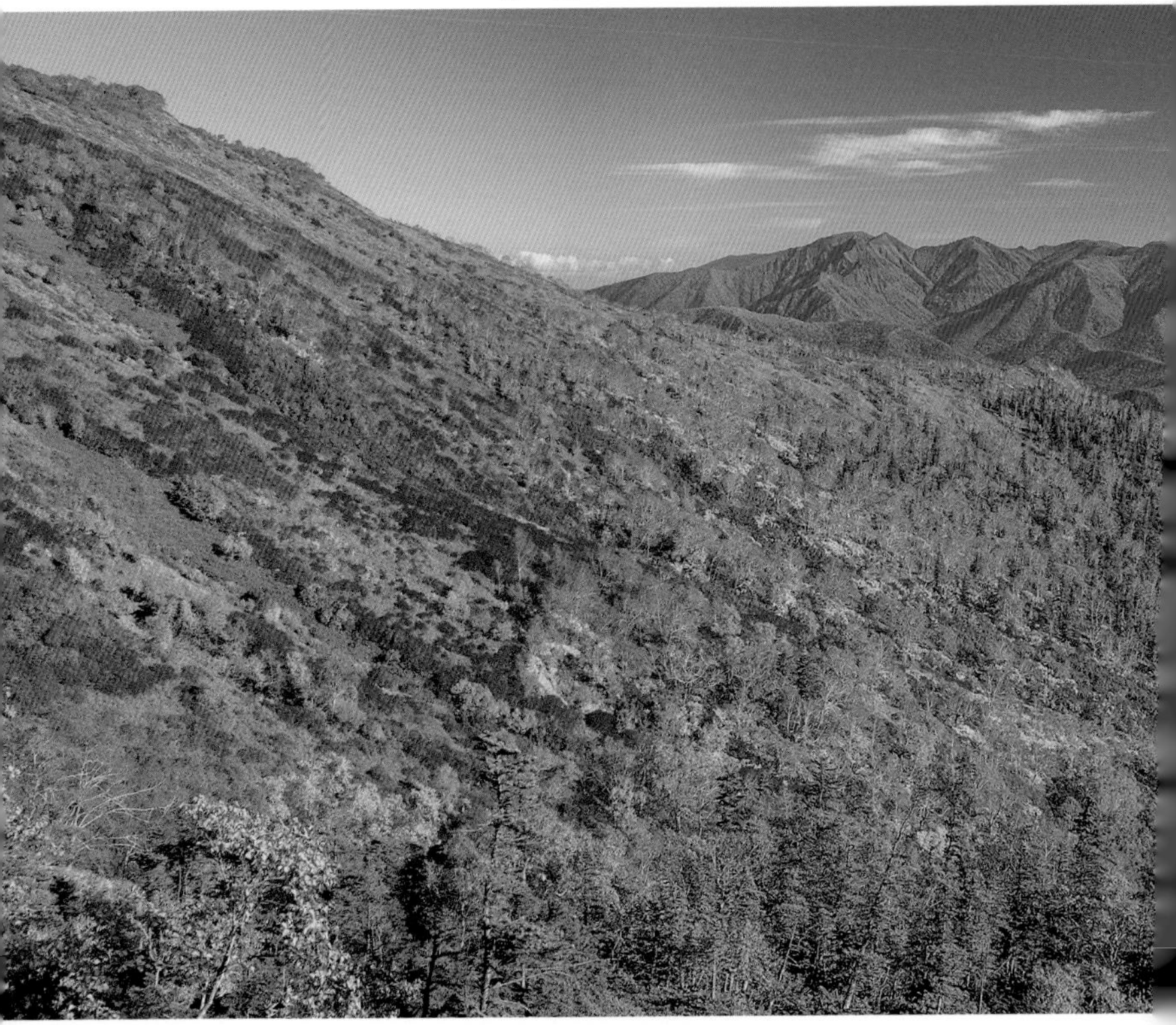

15キロで銀泉台。大半が未舗装の山道だが路面状況は良好。広い駐車場は週末など満車になり、手前の路肩に止めることもある。道道の開通期間は雪解けなどで変動はあるが、例年6月中旬～10月上旬。

また9月中旬の紅葉シーズンは約2週間にわたりマイカー規制が実施される。その間は国道273号沿いの大雪レイクサイトに駐車（有料）し、シャトルバス（有料）に乗り換える。詳しくは上川町産業経済課商工観光グループ☎01658-2-4058まで。

■ **コースタイム**（日帰り装備）

銀泉台 ―0・40↓ 0・30↑― 第一花園 ―0・40↓ 0・30↑―
コマクサ平 ―1・00↓ 0・40↑― 赤岳

標高差　約600メートル
登り　2時間20分
下り　1時間40分

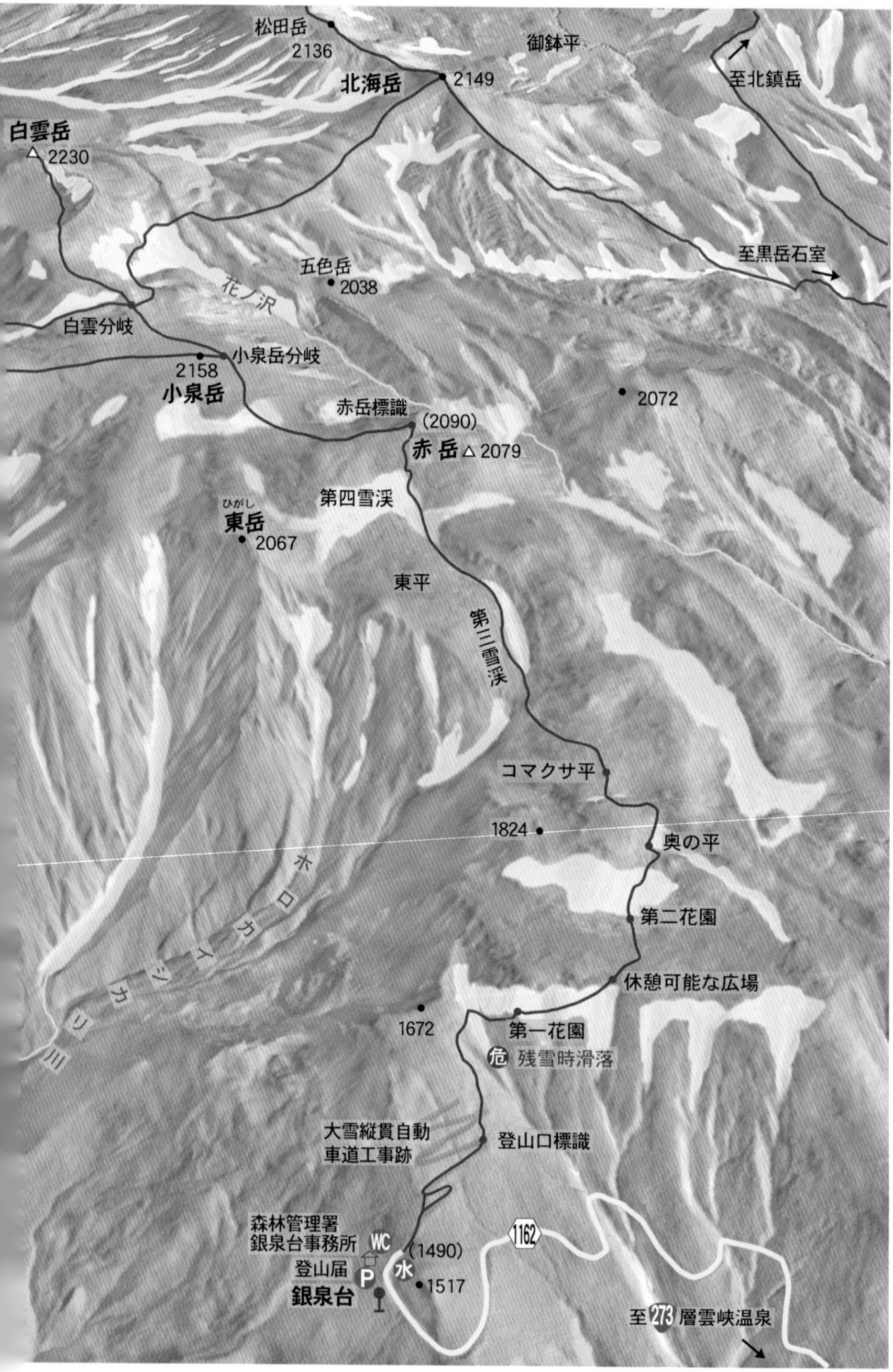
松田岳
2136
御鉢平
北海岳
2149
至北鎮岳
白雲岳
2230
五色岳
2038
至黒岳石室
花ノ沢
白雲分岐
2158
小泉岳分岐
小泉岳
2072
赤岳標識
(2090)
赤 岳
2079
第四雪渓
東《ひがし》岳
2067
東平
第三雪渓
コマクサ平
1824
奥の平
ホロカイシカリ川
第二花園
休憩可能な広場
1672
第一花園
危 残雪時滑落
大雪縦貫自動
車道工事跡
登山口標識
1162
森林管理署
銀泉台事務所
WC
(1490)
登山届
P
水
1517
銀泉台
至 273 層雲峡温泉

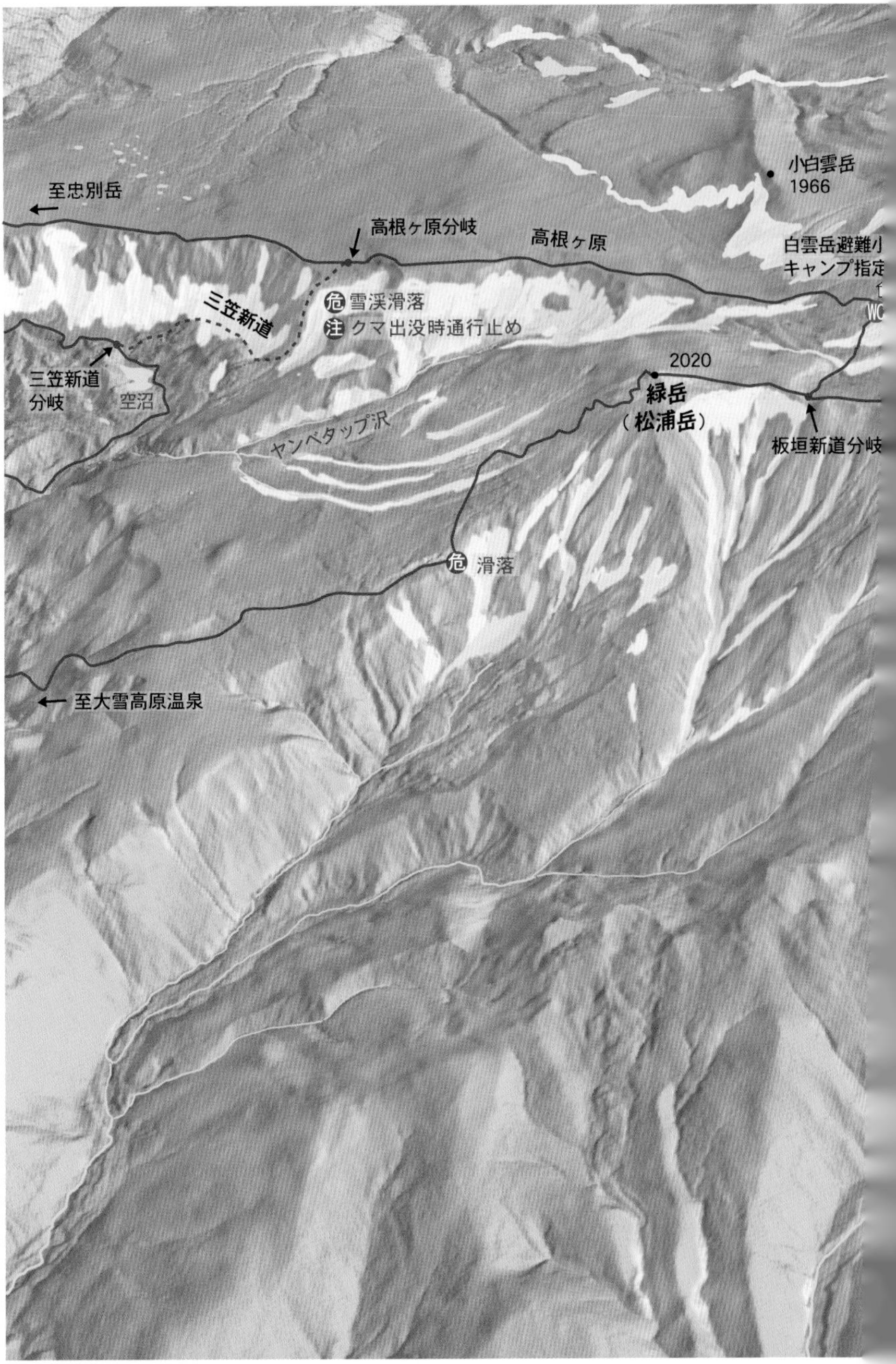

小白雲岳
1966
至忠別岳
高根ヶ原分岐
高根ヶ原
白雲岳避難小
キャンプ指定
三笠新道
危 雪渓滑落
注 クマ出没時通行止め
三笠新道
分岐
空沼
2020
緑岳
（松浦岳）
板垣新道分岐
ヤンベタップ沢
危 滑落
至大雪高原温泉

コマクサ平は７月上旬〜中旬が見頃

まだ雪に埋もれた第一花園を横切る

■ガイド（撮影7月4日、9月25日）

銀泉台からコマクサ平へ

登山口には登山届を行う森林管理署事務所、トイレ、水場がある。準備を整えたら出発しよう。

序盤の車道跡は旭岳温泉へ抜ける観光道路として１９６０年代後半に計画された大雪縦貫道の名残である。自然保護団体や多数の国民の反対で中止されたものだ。

５００メートルほど進んだ先で標識に従って登山道に入る。すでに標高は１５００メートルを越えており、周囲はウラジロナナカマドやウコンウツギなどのかん木帯だ。秋は紅葉の名所として知られ、多くの観光客でにぎわうところでもある。

ひと登りして沢形を回り込み、広く急な斜面をトラバースしながら登ってゆく。草原状のお花畑、第一花園である。エゾウサギギク、エゾツツジ、チングルマ、エゾヒメクワガタなど多くの高山植物が咲き、ナキウサギの甲高い声も聞こえてくる。遠く連なるのはニセイカウシュッペ山から武利岳《むりいだけ》、武華山《むかやま》など北大雪の山々だ。ただし、早い時期はべったりと雪が残り、ステップはあるものの急斜面だけに不安を感じるかもしれない。例年、7月中旬には概ね消える。

斜面を登りきると休憩に適した木陰の小広場がある。そこからハイマツとナナカマドの平たん地を抜けたところが第二花園。緩やかな傾斜の雪田で、解けたところからエゾコザクラ、チングルマ、キバナシャクナゲなどが咲く。

一段上がると奥の平の標識があるが、これは第二花園からコマクサ平にかけての総称である。高山植物と岩、ハイマツの配置が美し

北大雪の山々を背に第三雪渓横を登る

第四雪渓付近も花が多いところだ

上と同じ場所の秋の様子。紅葉も見事

く、天然の庭園といったところ。さらにひと登りでコマクサ平だ。

　赤岳まではこうした斜面と平たん地を交互に繰り返す行程が続く。心地よい緩急とともに、登った先に何が現れるか、期待に胸が膨らむコースなのである。

コマクサ平から赤岳へ

　コマクサ平はその名の通りコマクサの多い砂れきの台地。盗掘により一時は激減したがずいぶん回復し、大きな株も増えてきた。

　ここを過ぎるとかん木帯に入り、ホロカイシカリ川源頭に向かって緩く下ってゆく。正面に見えてくる大きな雪渓は第三雪渓で、道はその左端をたどるように延びている。コース中、最大の登りであるが、一方でお花畑や雄大な展望が楽しめるハイライトでもある。

　登り切って再び平たん地に入

赤岳頂上から

り、チングルマやチシマツガザクラなどのカーペット植物が日立つお花畑を眺めながら進む。やがて左前方に第四雪渓が見えてくる。今度は右端に道が延びているが、雪が多いと雪の上を歩くことになり、また解けても一部はザレ気味で滑りやすい。赤岳へ向けて最後の登り、気を抜かずに頑張ろう。

上部のハイマツ帯を抜けて平らな砂れき地に出ると、前方に雪渓模様が特徴的な北鎮岳が現れる。その手前に重なるように見える巨岩の塊が赤岳の頂上だ。思わず足が早まるが、周囲に咲くイワウメやミネズオウ、チシマツガザクラなどの花々も見ごたえがある。

山頂では白雲岳から旭岳、北海岳、北鎮岳、黒岳と、表大雪の主要な山々がパノラマとなって一斉に現れる。足元に向かってハーフ

パイプのように延びる北海沢源流の花ノ沢も印象的だ。

　なお、三角点はここから北方約250メートルほどのところにあるが、実際に眺めてもどこにあるか分からず道もない。標高もここより低く無視できる存在である。

大岩が目印の赤岳山頂

2230m

白雲《はくうん》岳《だけ》

イラスト地図は56－57ページ

荒井岳付近から

　幾つもの峰を連ねる表大雪の中心部に位置し、高さも旭岳、北鎮岳に次いで道内第３位を誇る。頂上部には野球場を思わせる広大な火口原があり、登頂者を喜ばす。

　頂上は縦走路からはずれた位置にあって少々不便だが登山者は多い。南面の山腹には避難小屋とキャンプ指定地があって、シーズン中はいつも縦走登山者でにぎわっている。銀泉台から赤岳、高原温泉から緑岳を経由しての登山者が多い。

赤岳コース

なだらかな小泉岳と広大な火口を経て

■**交通、マイカー情報**は「赤岳」（54ページ）と同じ。白雲岳避難小屋とキャンプ指定地については67ページの囲み記事を参照のこと。

■**コースタイム**（日帰り装備）

銀泉台 ―2:20↓ 1:40↑― 赤岳 ―0:30↓ 0:20↑― 白雲分岐
小泉岳 ―0:10↓ 0:15↑― 白雲分岐
小泉岳 ―0:40↓ 0:30↑― 白雲岳

獲得標高差　約785メートル
登り　3時間40分
下り　2時間45分

■**ガイド**（撮影7月4日、24日ほか）

赤岳から白雲分岐へ

　赤岳までは54ページを参照のこと。赤岳で進路を南に変え、広く平たんなれき地の尾根をゆく。視界不良時はルートを見失わないよう注意したい。足元には小群落を作るイワウメのほか、ホソ

銀泉台から

体力（標高差）	40点
登山時間加算	C５
高山度（標高）	A10
険しさ	D０
迷いやすさ	C３
総合点60点（中級）	

小泉岳への途中から赤岳方面を振り返る。何もないようだが実は花が多い

赤岳から見た小泉岳。9月下旬

バウルップソウやエゾオヤマノエンドウ、エゾハハコヨモギなどが次々に現れ、思わず歓声が上がる。

　やがて西寄りにカーブし、緩く登った先が小泉岳分岐である。小泉岳山頂は緑岳側に少し入った標柱の立つところ。白雲分岐へはそのまま直進する。視線の先にトムラウシ山が姿を見せ始め、緩く下りきると白雲分岐である。右は北海岳を経て黒岳・旭岳方面、左は

小泉岳から白雲分岐へ。頂上へは正面の鞍部を越える

行き来する登山者でにぎわう白雲分岐

大雪山の固有種、ホソバウルップソウ

白雲岳避難小屋を経て高根ヶ原方面に通じる。白雲岳は直進だ。

白雲分岐から白雲岳へ

分岐を後に左手の岩れきの尾根をトラバースしながら進み、正面の鞍部《あんぶ》を目指す。視界不良時はペンキ印を見落とさないように注意して進もう。

鞍部を越えると突然目の前にスタジアムのような火口原が広がり驚かされる。ここは5月中旬、雪解け水による「幻の湖」が現れることで知られている。目指す山頂

白雲岳火口原のチングルマ。頂上は正面の岩の上

は一番奥にあり、道は火口原の右端に沿うように進む。両側はチングルマやツガザクラ類の群落だ。道はやがて山頂基部に行き当たり、そこから急な巨岩帯を乗り越えるように登れば山頂に飛び出す。

北海道第3位の標高、かつ表大雪のど真ん中だけに、展望の良さはいわずもがな。特に後旭岳から北海岳にかけての山腹に現れる雪渓のしま模様は、大雪山の代表的風景のひとつといえる。

最後は岩を乗り越えて山頂へ

白雲岳山頂から見る後旭岳方面。時期により雪渓模様が変化

山頂から高根ヶ原、トムラウシ山方面の展望

白雲分岐から白雲岳避難小屋へ

白雲分岐を南に入り、トムラウシ山を遠望しながら広い沢地形を下ってゆく。次第に斜度が増し、ハイマツの急斜面を下り切るとエゾノリュウキンカの咲く水場。キャンプ指定地と避難小屋は目と鼻の先だ。下り20分、登り30分ほど。

ロケーション抜群！（キャンプ指定地の工事関係施設は撤去済）

白雲岳避難小屋

白雲岳南山腹、カールのモレーンのような地形の上に立ち、水場と展望に恵まれている。2020年に建て替えられた。従来より若干小さいが快適性は増し、パーティションによる更衣室兼救護室も備える。6月中旬～9月下旬は管理人常駐（期間外開放）。シーズン中は満室で泊まれないことがあるので、必ず幕営用具を持参すること。

▶収容人員：60人弱
▶管理協力費：2000円
▶管理・問い合わせ先＝上川町役場産業経済課☎01658-2-4058

白雲岳キャンプ指定地

避難小屋北西側に隣接し、利用は避難小屋に申し込む。水場は徒歩1分（秋には涸《か》れることあり）。トイレは小屋に隣接。

▶設営数：約80張り
▶協力金：500円/人

2020m

緑岳《みどりだけ》（松浦岳《まつうらだけ》）

高根ヶ原から

　小泉岳から南に派生する長い稜線《りょうせん》の末端上のピーク。北面は広いれき地の尾根だが、大雪高原温泉から登ると緑色の山に見える。また、実際には登頂していないが、探検家松浦武四郎の名にちなんだ松浦岳の別名も持つ。

　高原温泉から日帰り圏の山だが、縦走の途上で白雲岳避難小屋から往復する登山者も多い。東大雪やトムラウシ山の展望のほか、小泉岳にかけては高山植物も多く魅力的だ。

大雪高原温泉コース

樹林帯を抜けて見事なお花畑へ

■交通

　登山口の大雪高原温泉へは層雲峡からタクシーを利用する。層雲峡までの交通手段などは21ジペーを参照。大雪高原山荘（73ジペー）宿泊者は層雲峡から無料送迎がある。

■マイカー情報

　層雲峡から国道39号、273号経由で約16キロ走り、高原大橋手前で右折、石狩川沿いの林道に入る。約3・7キロ先の分岐を右折（直進はクチャンベツ登山口方面）、さらに約6・3キロで大雪高原温泉に着く。林道は未舗装だが普通乗用車で通行可。開通期間は例年6月中旬〜10月上旬。駐車場は広いが週末などは混雑する。

　また9月中〜下旬の紅葉シーズンは約2週間にわたりマイカー規制が実施される。その間は国道273号沿い

体力（標高差）	40点
登山時間加算	C 5
高山度（標高）	A10
険しさ	C 3
迷いやすさ	C 3
総合点60点（中級）	

登山届をする森林パトロール高原事務所

の大雪レイクサイトに駐車（有料）し、シャトルバス（有料）に乗り換える。詳しくは上川町産業経済課商工観光グループ☎01658-2-4058まで。

■コースタイム（日帰り装備）

大雪高原温泉 1:00↓ 0:40↑ 第一花畑 2:00↓ 1:10↑ 緑岳

見晴台から高根ヶ原方面を見る

高原温泉裏の地熱地帯が登山口

第一花畑まで登ると目指す緑岳が見えてくる

標高差　約790メートル
登り　3時間
下り　1時間50分

■ガイド（撮影7月24日、30日）

登山届はヒグマ情報センターに隣接する森林パトロール高原事務所で行う。事務所前を過ぎ、泥火山がある地熱地帯の右手を進んで登山道に入る。針葉樹からダケカンバへと変わる森の中をつづら折りに高度を上げ、ひと汗かくと高根ヶ原の稜線を望む見晴台。急な斜面をさらに登ると傾斜が緩んで明るく開けた台地に出る。最初の見どころ、第一花畑の入り口だ。

エゾコザクラやキバナシャクナゲ、チングルマなどが咲き、その先に目指す緑岳がそびえる見事な光景が広がる。花は広い雪田が解けたところから順に咲いていくので、8月上旬くらいまで楽しめる。

雪に覆われた第二花畑。背後はニペソツ山から石狩連峰の山並み

ぐんぐん展望が広がる緑岳の登り

緑岳中腹から第二花畑方面を見下ろす

いったんハイマツ帯に入って一段上がると第二花畑。ここも大きな群落が見られるが、早い時期は雪田上を横切ることになる。

　お花畑のはずれでガレた崖状の斜面を登り、西に折れてハイマツ廊下に入る。展望の利かない山裾をゆくことしばし、急に眼前が開けて高根ヶ原から忠別岳方面が現れる。右手を仰げば緑岳が迫り、急斜面を登る人々も見える。いよいよ本コースのヤマ場、標高差約

山頂からトムラウシ山方面の展望。右に夕張山地、左に日高山脈も見える

300メートルの登りである。

岩れきに延々と刻まれたジグザグ道は汗が吹き出し息も切れるが、ハイマツの丈は低く、登るほどに素晴らしい展望が広がってくる。トムラウシ山、高根ヶ原、さらにニペソツ山や石狩岳など東大雪の山々—。標高1900メートル付近から右に斜上するように登り、やがて傾斜が緩んでくれば緑岳である。

緑岳山頂でくつろぐ登山者

大雪高原山荘

高原温泉唯一の宿泊施設。1954年の洞爺丸台風による風倒木処理中に、自然湧出していた温泉を開発したのが始まり。なお、周辺にキャンプ場はない。

▶収容人員：50人
▶宿泊料：1万5000円～（2食付き）
▶日帰り入浴:10時30分～17時、大人800円
▶営業期間：6月下旬～10月上旬（冬季休業）
▶管理・問い合わせ先＝大雪高原山荘旭川事務所☎0166-26-8300

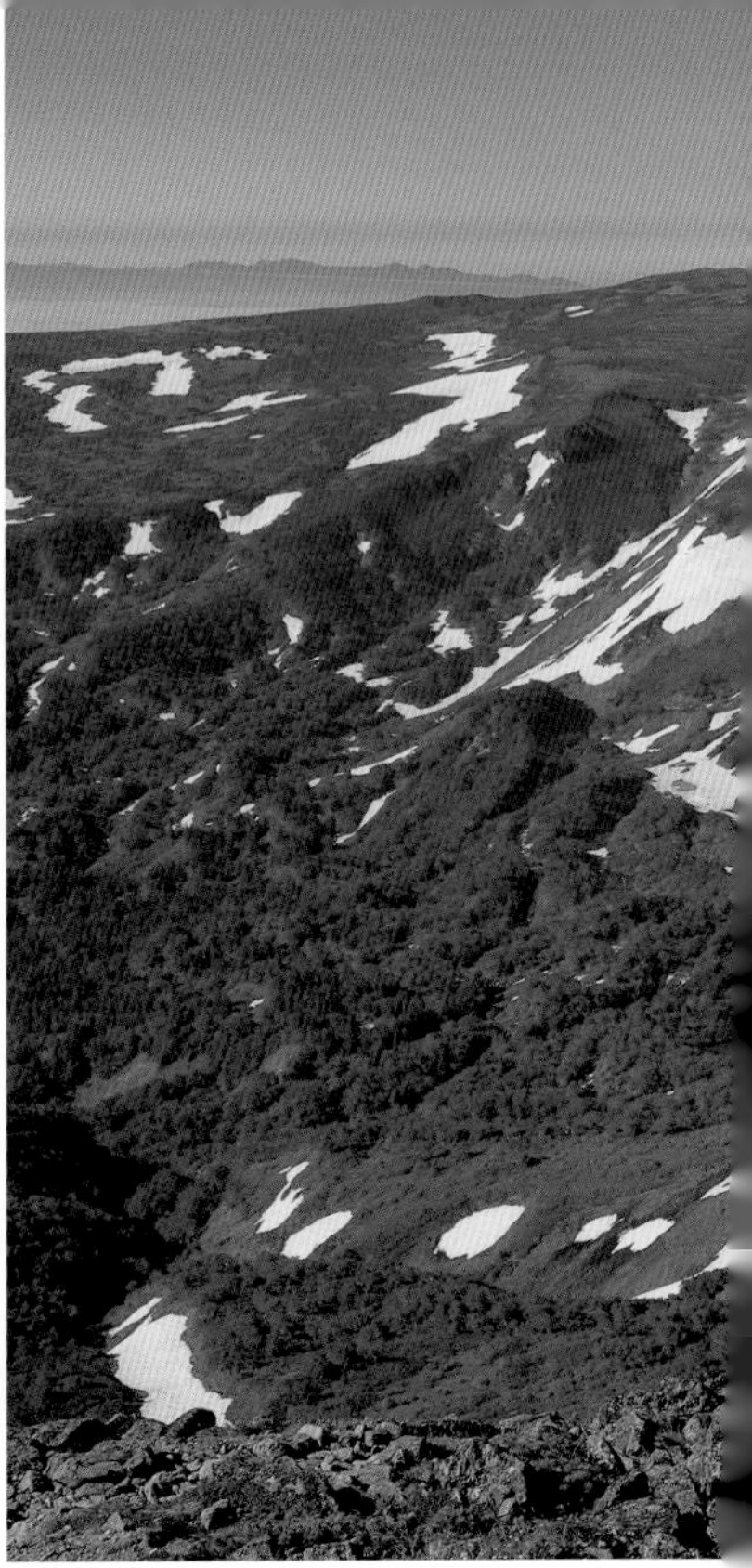

山頂の展望はここまでのつらさを充分に補ってくれるだろう。特に高原沼と高根ヶ原越しに遠望するトムラウシ山はベストアングルといっても過言ではないものだ。

小泉岳、白雲岳避難小屋へ

小泉岳経由で

■コースタイム（日帰り装備）

緑岳 ―0:15↓ 0:20↑― 板垣新道分岐 ―1:00↓ 0:50↑― 小泉岳 ―0:10↓ 0:15↑― 白雲分岐 ―0:20↓ 0:30↑― 白雲岳避難小屋

かわいらしいお出迎え

緑岳から小泉岳にかけて多くの高山植物が咲き誇る。背後は白雲岳

小泉岳へと続くのっぺりした広い尾根は、一見退屈そうだが、実は大雪山きっての高山植物が多いところである。ホソバウルップソウ、キバナシオガマ、エゾハハコヨモギ、チョウノスケソウ、エゾオヤマノエンドウ、コマクサなど、憧れの花々が咲き誇っているのだ。季節が合えばコマクサを食草とする高山蝶《ちょう》ウスバキチョウが舞う姿も見られるかもしれない。

コースは緑岳から緩く起伏し、白雲岳避難小屋への道が分かれる板垣新道分岐に下る。そこから緩急つけながら砂れきの尾根を小泉岳へと登る。一本道だが目標物に乏しく、視界不良時はルートを見失わないよう注意しよう。

小泉岳分岐を左折して白雲分岐に下る。さらに白雲分岐を左折して小屋へ。後は66ジを参照のこと。

緑岳から見た小泉岳方面。左上の浅い鞍部（あんぶ）が白雲分岐

天然記念物のウスバキチョウ

平たんな砂れき地にある小泉岳山頂

緑岳を背に板垣新道の雪渓を横切る

板垣新道経由で

板垣新道分岐 0・20↓ 0・30↑ 白雲岳避難小屋

緑岳から白雲岳避難小屋への最短コースである。板垣新道分岐を左折し、ザレた急斜面を下る。降りたところはヤンベタップ沢源頭の広い雪渓でこれを横切る。傾斜がなく、視界不良時は方向が分かりにくいので、マーキングやガイドロープに従う。そこからハイマツの斜面を登り返せば小屋である。

約1750m

高根ヶ原《たかねがはら》

1963m

忠別岳《ちゅうべつだけ》

1868m

五色岳《ごしきだけ》

五色岳から見る忠別岳

高根ヶ原は白雲岳避難小屋の南から平ヶ岳にかけての約3kmにおよぶ広大な溶岩台地。雄大な景観はいかにも大雪山らしく、十分に「目的地」となる魅力がある。

その南方に位置するのが忠別岳。単独で登られることは少なく、縦走の途上で通過する山である。旭岳方面から見ると台地状だが、五色岳からは西側が切れ落ち、なかなか立派な山容である。

五色岳は102ページで解説する。

高根ヶ原コース

広大な尾根上の縦走路を歩いて

小屋下のお花畑から高根ヶ原へ続く道

■ **交通、マイカー情報**は「赤岳」（54ページ）、「緑岳」（68ページ）などを参照のこと。白雲岳避難小屋とキャンプ指定地は67ページ、忠別岳避難小屋とキャンプ指定地は85ページの囲み記事を参照のこと。

■ **コースタイム**（縦走装備）

忠別岳（左）やトムラウシ山を眺めながら高根ヶ原をゆく

白雲岳避難小屋─0:50↓ 1:10↑─高根ヶ原分岐─1:40↓ 1:50↑─忠別沼─0:50↓ 0:40↑─忠別岳─0:40↓ 1:00↑─忠別岳避難小屋分岐─0:50↓ 0:30↑─五色岳

往路　4時間50分
復路　5時間10分

■ガイド（撮影7月30日）

忠別岳は表大雪の奥深くに位置し、この山だけを目的に日帰りで登ることはほとんどない。縦走の途上でその頂が踏まれるだけである。五色岳も同様で、日帰り登山は健脚者がクチャンベツ登山口から沼ノ原経由で往復するのみである（102ページ参照）。

ここでは稜線《りょうせん》泊の縦走を前提に、白雲岳避難小屋から五色岳までのルートをガイドする。なお、この区間はきつい起伏や特に危険な箇所がなく、距離の割に行程が

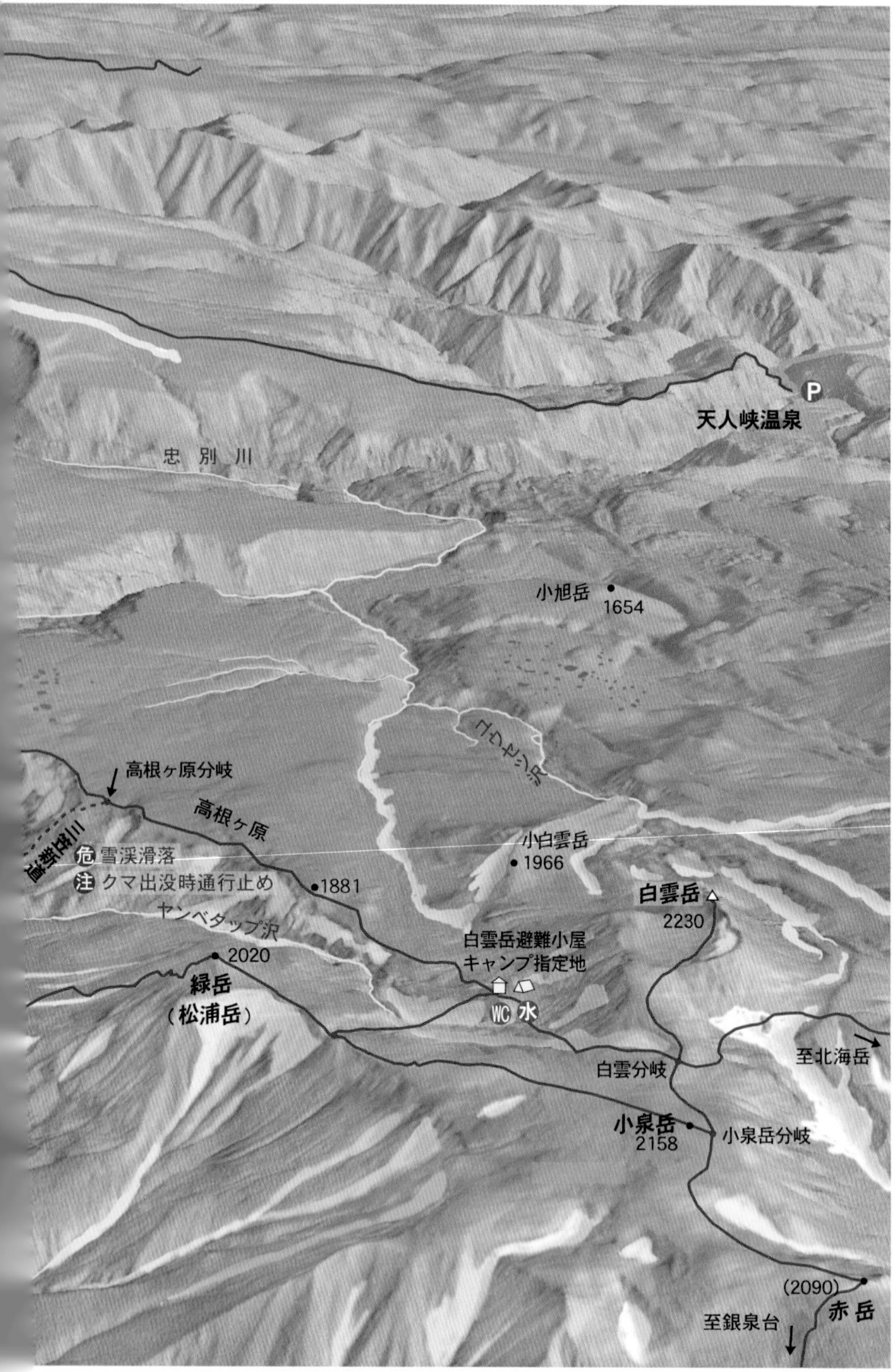

P
天人峡温泉
忠別川
小旭岳
1654
高根ヶ原分岐
高根ヶ原
三笠新道
危 雪渓滑落
注 クマ出没時通行止め
1881
小白雲岳
1966
白雲岳
2230
ヤンベタップ沢
2020
緑岳
（松浦岳）
白雲岳避難小屋
キャンプ指定地
WC 水
白雲分岐
至北海岳
小泉岳
2158
小泉岳分岐
(2090)
赤 岳
至銀泉台

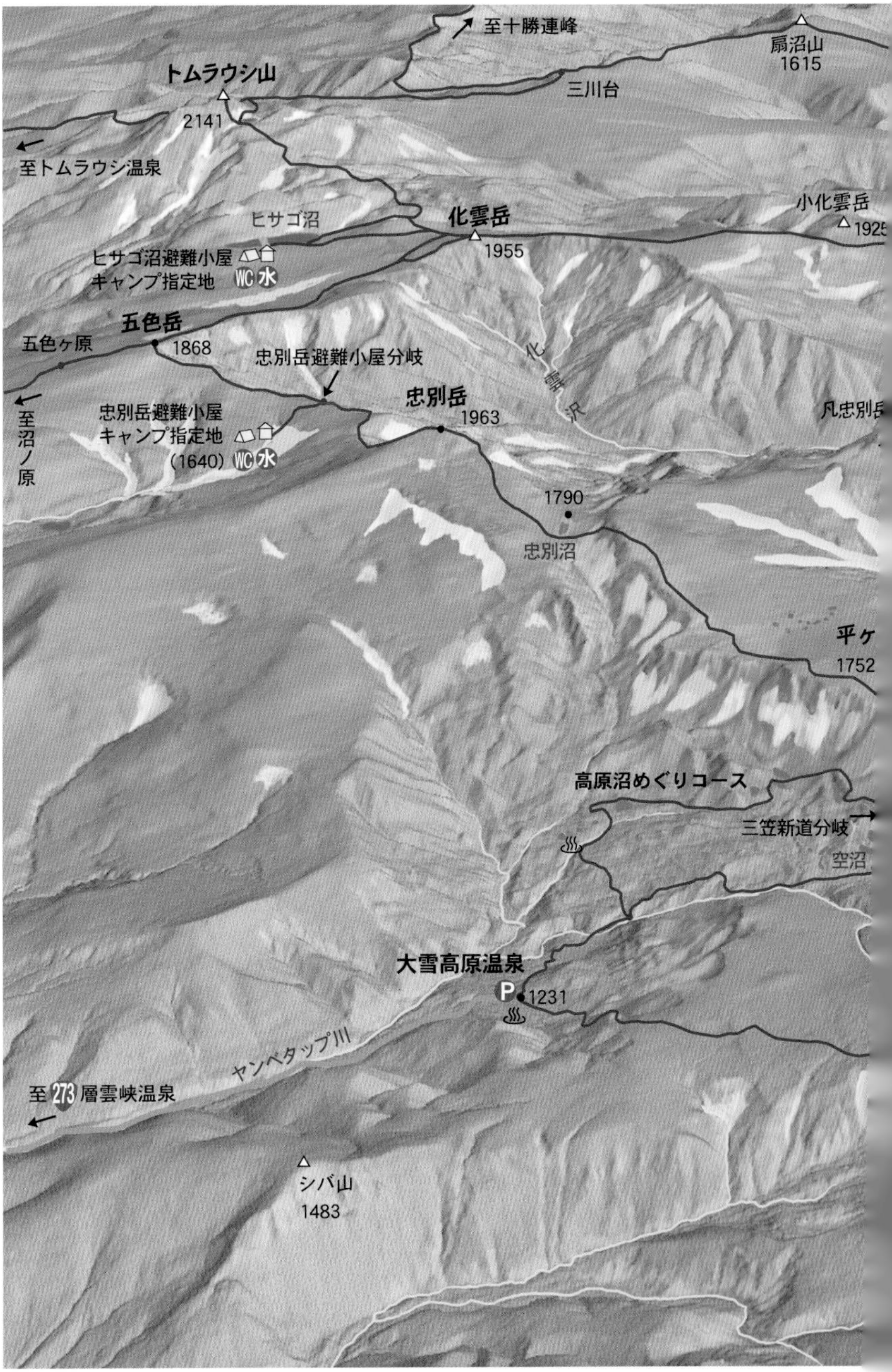

至十勝連峰
扇沼山
1615
トムラウシ山
2141
三川台
至トムラウシ温泉
小化雲岳
1925
ヒサゴ沼
化雲岳
1955
ヒサゴ沼避難小屋
キャンプ指定地
WC 水
五色岳
1868
五色ヶ原
忠別岳避難小屋分岐
化雲沢
至沼ノ原
忠別岳
1963
凡忠別岳
忠別岳避難小屋
キャンプ指定地
（1640）
WC 水
1790
忠別沼
平ケ
1752
高原沼めぐりコース
三笠新道分岐
空沼
大雪高原温泉
P
1231
ヤンベタップ川
至 273 層雲峡温泉
シバ山
1483

高根ヶ原分岐。三笠新道はシーズンを通じてほぼ利用不可能だ

コース上から高原沼を見おろす。左奥は石狩連峰

はかどるが、いったん足を踏み入れると途中にエスケープルートがない。天候などの判断は慎重に行いたい。

白雲岳避難小屋から忠別岳へ

避難小屋を後に短いハイマツ帯を抜け、ヤンベタップ沢源頭を取り巻く草原性のお花畑を下っていく。7月中旬にはキバナシャクナゲやチングルマなどが一面に咲くところだ。沢地形の縁を抜け、右の台地に回り込んで1881メートル標高点の丘を越える。目前が開け、いよいよ高根ヶ原の始まりである。

前半は忠別岳やトムラウシ山を眺めながらの緩い下り基調が続く。周囲は一面のれき地に見えるが、風衝地を好む植物のお花畑になっており、ホソバウルップソウ、コマクサ、タカネシオガマなどがそこかしこに咲き誇る。途中の高

7月中～下旬はコマクサが
多く見られる。7月上旬は
ホソバウルップソウも多い

「こんなところに！」とい
う感じで現れる忠別沼

ワタスゲが風に揺れ、つい
長居したくなる楽園だ

白雲岳を背に忠別岳を登る。周囲にはタカネシオガマが多い

根ヶ原分岐は高原沼に下る三笠新道の入り口だが、ヒグマ出没のために初夏の一時期を除きほぼ通行禁止になっている（93ページ参照）。

　ほどなくその高原沼を見下ろす台地の東端に出て、これに沿って進む。運が良ければ湖畔や雪渓で遊ぶヒグマを見つけられるかもしれない。一方、コース上にヒグマが出没する可能性もあるので、鳴り物などの対策も忘れずに。

　丘のような平ヶ岳は東側の草地とハイマツ帯を通り抜けていく。その先の湿性の高い草原はコース中最も標高が低いところ。ここを境に道は登りに転じる。

　緩い斜面を登りつめると、広い谷地形が現れ、その底で瞳のような忠別沼が輝く。ここまでの道中、どこからも見えないだけに、サプライズ的な感激があるところだ。

忠別岳からトムラウシ山を望む。一画にはコマクサの小群落が

忠別岳の東側は広い草原が広がる。石狩連峰の山並みが雄大だ

ハイマツ帯を登って五色岳へ

立派な道標がある忠別岳避難小屋分岐

五色岳から忠別岳（手前中央）、旭岳（左端）方面を望む

風に揺れるワタスゲを眺めながら湖畔の木道をたどり、対岸のハイマツ帯を抜けて忠別岳の登りに取り付く。さほど斜度はないがそこそこ距離があり、炎天下ではたっぷり汗を絞られるだろう。

忠別岳は西側が崖となって切れ落ち、非常に高度感がある山頂だ。忠別川源流域を一望し、さらにトムラウシ山から化雲岳、表大雪と大パノラマが広がる。歩いてきた高根ヶ原の広がりも感慨深い。

忠別岳から五色岳へ

山頂からいったん東側へ回り込んでから下りに入る。ハイマツ帯の急な斜面に大きく電光を切り、一気に高度を下げる。次第に傾斜が緩んで砂れき混じりの尾根になると、やがて最低鞍部《あんぶ》の忠別岳避難小屋分岐である。小屋へは東へ下る踏み跡に入り、行き10分、帰

お花畑と雪渓に囲まれ落ちついた雰囲気

忠別岳避難小屋

忠別岳と五色岳の鞍部から東へ約500m、ヌタプヤンベツ川源頭に立つ2階建て無人小屋。頑丈そうだが老朽化は否めない。トイレ併設。水は小屋前の雪解け水を使うが、秋は涸《か》れることあり。

隣接するキャンプ指定地は15張り程度設営可。

▶収容人員：約30人
▶通年開放、無料
▶管理・問い合わせ先＝上川総合振興局☎0166-46-5922

五色岳から見るトムラウシ山

り20分ほどだ。

五色岳へは分岐を直進し、広い砂れきの尾根からハイマツの斜面に入ってゆく。以前はうるさい枝が張り出していたが、整備されて歩きやすくなった。最後に急な直登を抜ければ五色岳山頂である。

展望は忠別岳に勝るとも劣らない。特にトムラウシ山がぐっと近くなったのが印象的だろう。

1470m
(高原沼)

大《だい》雪《せつ》高《こう》原《げん》沼《ぬま》めぐり

高根ヶ原から。左下は空沼

高根ヶ原の東側の樹林帯に点在するおよそ30の湖沼を総称して大雪高原沼と呼ぶ。高根ヶ原東面の大規模な地滑りによる陥没地帯に水がたまったのが成因とされる。幾つもの沼を結ぶ周回路が整備され、特に紅葉シーズンは多くのハイカーや観光客が訪れる。

一帯はヒグマの保護観察地域となっており、入山に際してレクチャーを受ける必要があるほか、出没状況によっては登山コースに規制がかかる。

高原温泉コース

大小の沼が点在するヒグマの聖域

■ **交通、マイカー情報**は「緑岳」(68ページ)と同じ。大雪高原山荘については73ページの囲み記事を参照のこと。

■ **コースタイム**(日帰り装備)

ヒグマ情報センター 0:20↓ 0:20↑ ヤンベ温泉分岐 1:20↓ 1:00↑ 高原沼

0:20↓ 三笠新道分岐 0:10↓ 空沼 1:00↓

時計回り一周　3時間30分

獲得標高差　約350メートル

拠点となるヒグマ情報センター

■ **ガイド**(撮影9月13日、20日)

本コース一帯は複数のヒグマの生息地域である。事故を防ぐとと

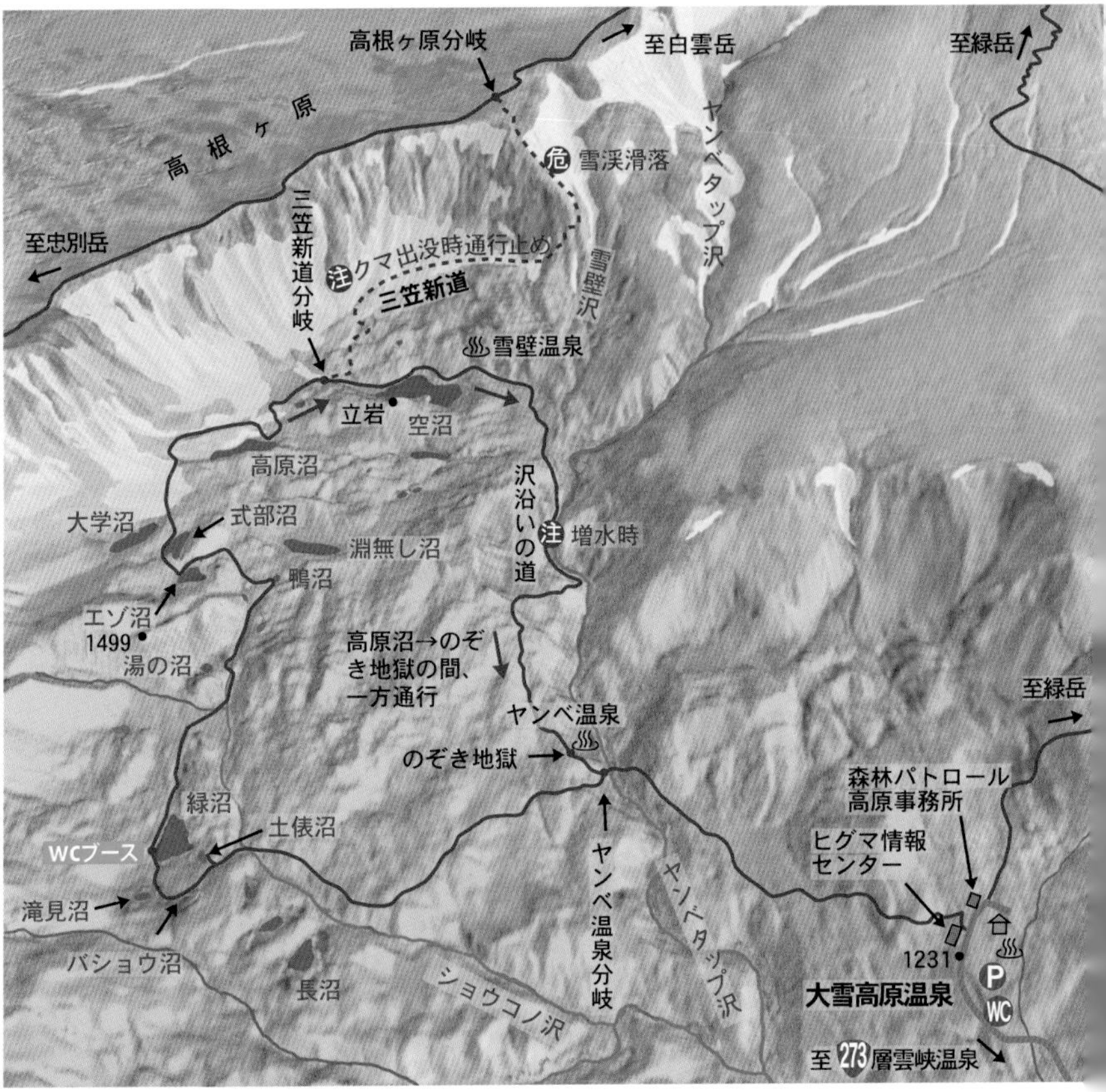

入山前にレクチャーを受ける

もに環境保全の点からも、利用に当たって幾つかのルールがある。

まず、高原温泉にある環境省のヒグマ情報センターで受け付けを行い、そこでヒグマ情報とコース利用についてのレクチャーを受ける（無料）。受け付け並びに入山は7時～13時。15時までに下山しなければな

体力（標高差）	35点
登山時間加算	D 0
高山度（標高）	B 6
険　し　さ	C 3
迷いやすさ	D 0
総合点45点（初級）	

ヤンベタップ沢にかかる橋。奥に噴気が見える

らない。三笠新道（93ページ）を利用する場合も同様である。現地に電話はなく、問い合わせは環境省上川自然保護官事務所（ヒグマ情報センター管理運営係）☎01658-2-2574まで。

レクチャーでは概ね次のような説明や指示を受ける。

1．ヒグマの出没状況と遭遇した際の対処など。状況によりコースの一部閉鎖、入山禁止などの指示。

2．食事ができるのは緑沼、大学沼、高原沼の3カ所。火器を使う調理は全コース上で禁止。

3．最奥の高原沼からのぞき地獄の間は時計回りの一方通行とする。（高原沼までの間は途中で引き返してもよい）。

入山規制はヒグマ情報センターのホームページで確認できるが、当日変更の可能性も想定しておきたい。単独行はできるだけ避け、コースでは要所でパトロール中の監視員の指示に従ってほしい。

ヒグマ情報センターから大学沼へ

コースはレクチャーを受けたセンターの部屋から直接入るシステムになっている。すぐの小川で外来植物種の持ち込みを防ぐために靴裏を洗い、出発だ。

しばらくは針葉樹林の中を小さく起伏しながら進んでいく。以前はぬかるみがひどかったが、近年、木道などの整備が進んで歩きやすくなった（それでもスパッツを装着したほうが快適だが…）。

紅葉と針葉樹が美しい緑沼。右奥の冠雪した山は白雲岳

沢沿いの道をたどって鴨沼へ

やがて沢音が聞こえ、深く谷を刻むヤンベタップ沢にかかる橋を渡る。上流に見える蒸気はヤンベ温泉だ。沢を渡るとすぐにヤンベ温泉分岐で、沼めぐりの順路は直進である。右は一方通行の出口だが、すぐ先の「のぞき地獄」までは入ることができる。

徐々に高度を上げ、バイカモが泳ぐ小沢を渡ると、最初の沼である土俵沼が現れる。針葉樹に囲ま

広葉樹が多く絶好の紅葉スポットとなる式部沼

れミツガシワが揺れる水面はついひと休みしたくなる雰囲気。が、楽しみは始まったばかり、先に進もう。すぐにミズバショウが群生するバショウ沼、滝見沼と続く。

その先の緑沼（地形図は「緑の沼」）は高根ヶ原から緑岳を背景にしたフォトジェニックな沼。休憩スペースもあり、コース前半のハイライトといえるだろう。

やがて右手に沢が現れ、これに沿ってゆくと、沼端の小さな噴気孔から硫黄のにおいが漂う湯の沼。さらに沢沿いに進むと鴨《かも》沼である。

道は左に折れ、無名の沼をひとつ見てエゾ沼へ。ここは早い時期、湖岸に張り出した急な残雪をトラバースする。式部沼は紅葉が美しいこじんまりした沼で、続く大学沼は屏風のように連なる稜線《りょうせん》を投影するダイナミックな景観だ。

大学沼は高根ヶ原の崖が迫り高山湖のような趣

そしてそこから一段高度を上げたところにたたずむのが最奥の高原沼である。高根ヶ原から崩れ落ちたガレが眼前に迫り、地滑りによるという成因を認識させられる。振り返るとたどってきた森の先に石狩連峰が見えている。

なお、ヒグマ情報センターでは高原沼から先を上級者向けとしており、ここで引き返す人も多い。

一番奥に位置する高原沼。背景は緑岳

水をたたえた７月中旬の空沼。次第に涸（か）れてくる

のぞき地獄から見下ろすヤンベ温泉

後半はヤンベタップ沢に沿って

空沼からヤンベタップ沢へ

ルートは高原沼の西側を高巻きながら越え、高根ヶ原の崖下のお花畑を北上する。高原沼の北端からかん木帯を緩く下って三笠新道分岐、さらに空沼《から》へと下っていく。高根ヶ原からもよく見える最大の沼だが、秋にはほとんど干上がって文字通り空になってしまう。

コース上の沼は空沼が最後である。噴気が上がりヨツバヒヨドリやエゾオヤマリンドウが多い雪壁温泉を抜けると道は次第に高度を下げ、ヤンベタップ沢に出る。部分的に岩を飛び歩いたり小さな渡渉もあるやや荒れ気味の道を沢沿いに下ったのち、右手の斜面に取り付く。大きな高巻きのように登って下るとヤンベ温泉を見下ろすのぞき地獄。すぐ先でヤンベ温泉分岐に出て、あとは往路を戻る。

6月下旬の三笠新道。ルートは雪の下（写真提供＝ヒグマ情報センター。3点とも）

ヒグマに“譲る”道と考えよう

上部は巨大なクレバスも現れ、技術を要する

三笠新道について

高原沼と空沼の間から高根ヶ原へ抜ける道を三笠新道という。この道はヒグマ出没のため、頻繁に通行止めとなり、特に近年は6月下旬〜7月上旬のごく短期間しか通行できない状態が続いている。

その時期の登山道はまだほとんど雪に埋まっており、技術的には夏山というより残雪期登山の範《はん》疇《ちゅう》といっていい。また、通行止めにより整備が困難なことから荒廃化が進み、2020年には近くで大規模な崩落も起きている。

本書ではこれまで一般コースとして紹介してきたが、以上の理由から本改訂版よりガイドをやめることとした。なお、開通状況はヒグマ情報センターのホームページで確認できる。

1435m

沼《ぬま》ノ原《はら》

石狩岳から遠望する沼ノ原

大雪山にある代表的な湿原の一つ。かつては奥深い秘境だったが、林道が延びたおかげで今は簡単に入山することができる。湿原の花を目当てにした日帰り登山者のほか、トムラウシ山や高根ヶ原方面へ縦走する人も少なくない。

湿原には木道が整備され、貴重な植生を傷めることはなくなったが、キャンプ指定地になっている大沼の水質汚染は、今後の課題といえるだろう。

クチャンベツコース
秀峰を望む 大雪の奥座敷へ

■交通

クチャンベツ登山口まで層雲峡からタクシーを利用する。層雲峡までの交通などは21ページを参照。

■マイカー情報

層雲峡から国道39号、273号経由で約16キロ走り、高原大橋手前で右折、石狩川沿いの林道に入る。約3・7キロ先の分岐を直進し層雲峡本流林道へ。入り口のゲートは無施錠だ

体力(標高差)	35点
登山時間加算	D0
高山度(標高)	B6
険しさ	D0
迷いやすさ	C3
総合点45点(初級)	

ゲートがある高原温泉方面との分岐点

登山ポストと左右二手に分かれた登山口

平日も混雑気味の駐車場

1320ｍ台地への急登。唯一の頑張りどころ

渡渉点の丸木橋。流失しなければいいが…

が、通過後は必ず閉める。さらに約8・8キロで登山口の駐車場に着く。

林道は未舗装で若干荒れ気味のところもあるが普通乗用車で通行可能。開通期間は例年6月下旬〜10月上旬。紅葉シーズンのマイカー規制は適用外。駐車場は約20台分あるが、平日でも満車になることがある。林道状況の問い合わせは上川中部森林管理署☎0165８-2-2001まで。

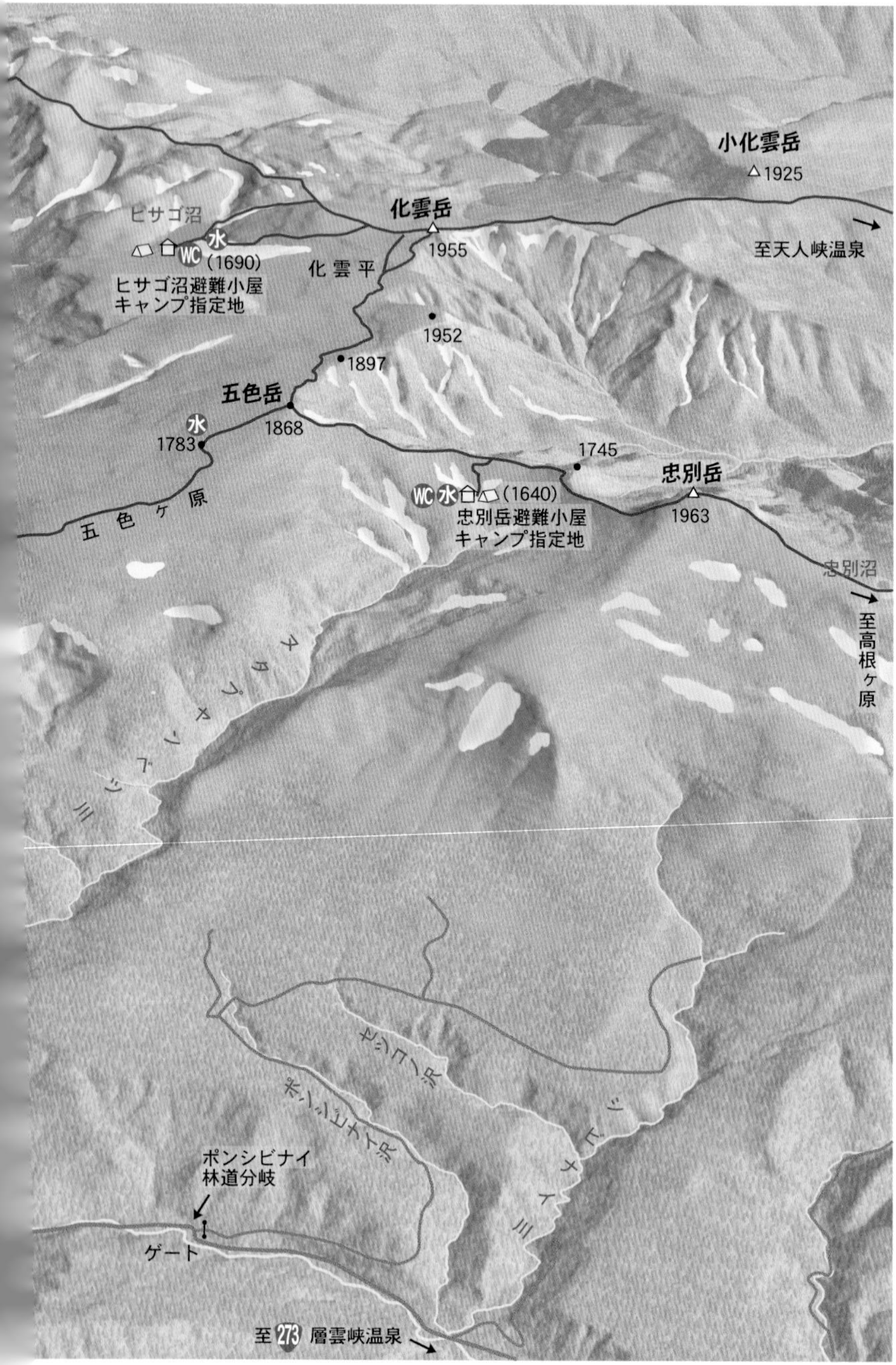
小化雲岳
1925
化雲岳
1955
至天人峡温泉
ヒサゴ沼
水
WC
(1690)
ヒサゴ沼避難小屋
キャンプ指定地
化雲平
1952
1897
五色岳
1868
水
1783
五色ヶ原
1745
忠別岳
1963
WC
水
(1640)
忠別岳避難小屋
キャンプ指定地
忠別沼
至高根ヶ原
ヌタプヤンベツ川
セツクン沢
ポンシビナイ沢
シビナイ川
ポンシビナイ
林道分岐
ゲート
至 273 層雲峡温泉

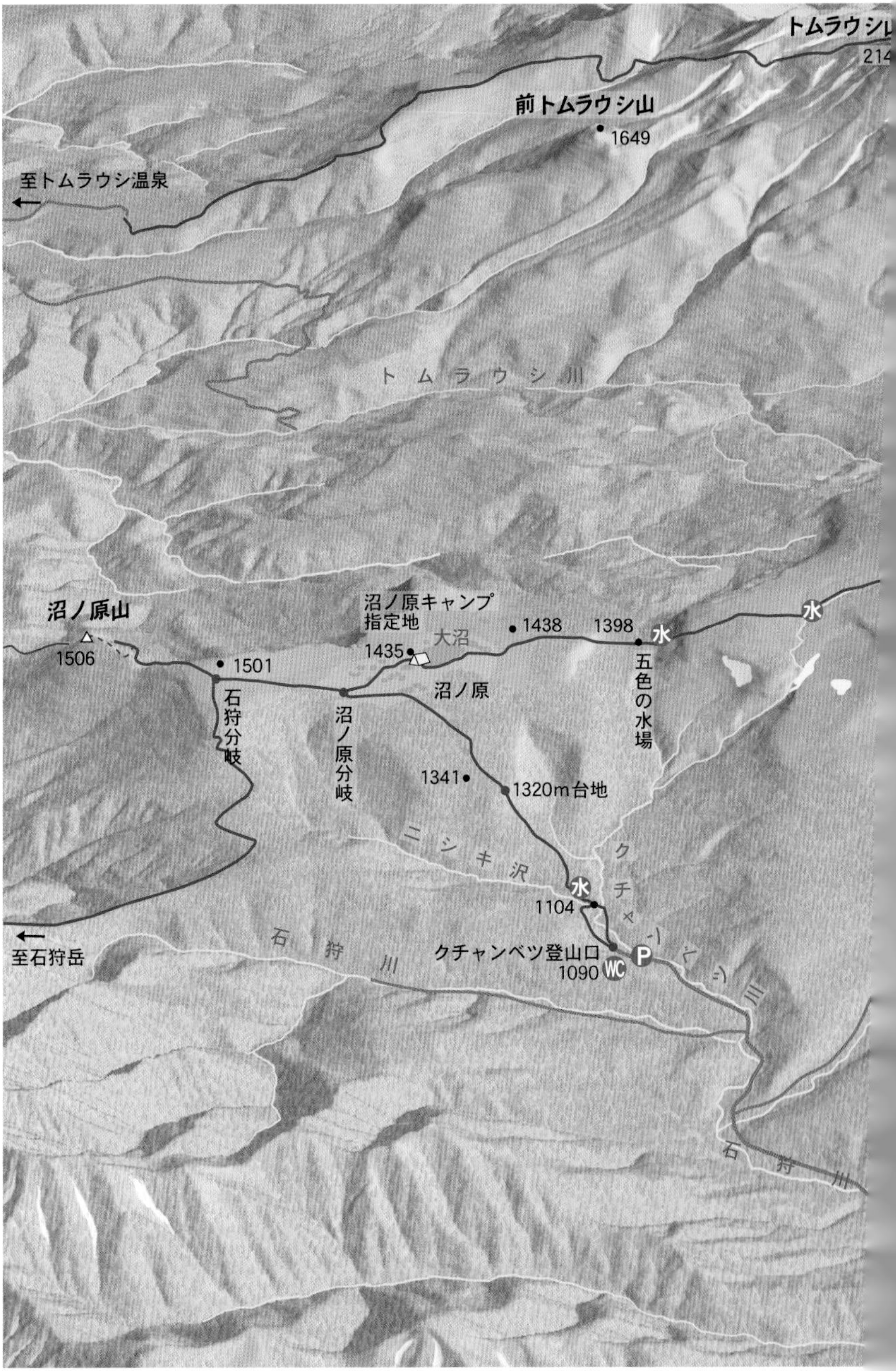

トムラウシ山
214
前トムラウシ山
1649
至トムラウシ温泉
トムラウシ川
沼ノ原山
1506
1501
石狩分岐
沼ノ原キャンプ指定地
1435
大沼
1438
1398
水
五色の水場
沼ノ原
沼ノ原分岐
1341
1320m台地
ニシキ沢
水
1104
クチャンベツ川
クチャンベツ登山口
1090
WC
P
至石狩岳
石狩川
石狩川

沼ノ原の入り口付近。木道のおかげでぬかるみ知らず

石狩岳への縦走路が分かれる沼ノ原分岐

■コースタイム（日帰り装備）

クチャンベツ登山口 1:00↓ 0:50↑ 1320メートル台地 0:40↓ 0:30↑ 沼ノ原分岐 0:20↓ 0:20↑ 大沼

標高差　約345メートル
登り　2時間
下り　1時間40分

■ガイド（撮影8月17日）

登山口は駐車場奥。そこで道はいきなり二手に分かれる。左は正規の道で、左手の急な斜面を高巻いたのちニシキ沢を渡渉する。右はそれ以前にあったクチャンベツ川沿いの道で、2020年現在、渡渉点に丸

コイチヨウラン

沼ノ原の中心部から望む石狩連峰。まるで空中庭園のよう

太橋があった。双方の道は二つの沢の出合付近で合流したのち、判然としない尾根に取り付いて緩く登っていく。

若干斜度が増してきたところに丸太のベンチがあつらえられ、その先で標高差１００メートルほどの急斜面を直登する。きつい登りはここだけで、１３２０メートル台地に出るとしばしうそのように平たんな道となる。再び傾斜が増してくるも、ほどなく前方が明るくなり、木道を敷いた小さな沼のほとりに出る。沼ノ原の入り口はもう近い。

その瞬間は劇的だ。霧が晴れるように周囲のアカエゾマツやササが無くなり、代わって視界いっ

オオルリボシヤンマ

雲がかかっていても圧倒的な存在感が漂うトムラウシ山

ぱいの湿原と重量感あるトムラウシ山が現れるのである。足元は木道が敷かれて歩きやすいが、景色に気を取られて踏み外さないように。

沼ノ原分岐は五色岳方面と石狩岳方面との分岐点。大沼へはこれを右折し、なおも木道をたどる。前方にはなだらかな五色ヶ原とトムラウシ山、背後には石狩連峰。大小複雑に入り組んだ池塘《ちとう》群に目をやれば、珍しいナガバノモウセンゴケを見つけることもできる。

楽しみが尽きないままに到着するのは沼ノ原最大の湖沼、大沼である。直径は約３００メートル。周囲はキャンプ指定地になっているが、水位が上がると設営が難しくなる。また、水質保全の観点からも利用には細心の注意を払ってほしい。

大沼から先もまだしばらく湿原は続く。その端まで行って引き返

トムラウシ山を背景に広がる大沼。雪解けや大雨で水位は変化する

してきてもいいだろう。

石狩岳とヌプントムラウシ温泉

　沼ノ原分岐を直進すると約800メートルで石狩岳方面とヌプントムラウシ温泉への道を分ける石狩分岐がある。石狩岳への縦走は第3巻「石狩岳」の項を参照してほしい。2020年にニペの耳までのササ刈りが実施されている。

　ヌプントムラウシ温泉は16年の台風でアプローチの林道が大規模に崩壊した。当面、復旧のめどが立たないことから、本改訂版では同登山口から沼ノ原へのガイドを見合わせた。ただし、登山道自体は20年にササ刈りされている。ヌプン小屋は健在だが、温泉は土砂で埋まって使用不能とのことだ。

　また、沼ノ原山は踏み跡が不明瞭になり、一般的とは言い難いことから、やはり掲載を取りやめた。

五色岳《ごしきだけ》 1868m

化雲岳《かうんだけ》 1955m

忠別岳から見た五色岳

五色岳は表大雪とトムラウシ山を結ぶ位置にあり、石狩連峰への縦走路の分岐点にもなっている。山名は東側に広がるなだらかな山腹が五色の高山植物に彩られ、その最高点であることに由来する。とはいえ、ピーク感に乏しく、西側にはさらに高い標高点が続くため、山姿の形容、指呼とも難しい。

五色ヶ原は近年、花群落が衰退し、往年の華やかさが薄れている。

化雲岳は178ページで解説する。

高根ヶ原からのコースは76ページ、天人峡温泉からのコースは178ページ。イラスト地図は96-97ページ。

沼ノ原コース

秀峰を眺めながら広いお花畑をゆく

■**交通、マイカー情報**は「沼ノ原」（94ページ）に同じ。忠別岳避難小屋とキャンプ指定地は85ページ、ヒサゴ沼避難小屋とキャンプ指定地は187ページの囲み記事を参照のこと。

■**コースタイム**（一部縦走装備）

クチャンベツ登山口 ―2:00↓ 1:40↑― 大沼 ―0:30↓ 0:40↑― 五色の水場 ―2:40↓ 2:10↑― 五色岳 ―1:00↓ 1:00↑― 化雲岳

五色岳まで（日帰り装備）

獲得標高差　約815メートル

登り　5時間10分

下り　4時間30分

流量充分な五色の水場

クチャンベツ川源頭部をゆく　　石狩岳を背にした五色ヶ原への急登

池塘が点在する五色ヶ原前半部。右奥はニペソツ山

化雲岳まで（縦走装備）
獲得標高差　約920メートル
登り　7時間
下り　6時間10分

■ガイド（撮影8月17日）

ここでは五色岳までは日帰り、化雲岳は山中泊を前提にガイドする。登山口から沼ノ原大沼までは「沼ノ原」（94ページ）を参照のこと。

沼ノ原から五色岳へ

大沼を後にするとやがて湿原は終わり、樹林帯を緩く下る。下り終えた左側が五色の水場で、冷たく澄んだ水を得ることができる。

そこからササの急斜面を開いた道を経て、五色ヶ原か

五色岳まで

体力（標高差）	40点
登山時間加算	B10
高山度（標高）	A10
険しさ	D0
迷いやすさ	C3
総合点65点（中級）	

上部は一面のお花畑。視線の先が五色岳だが、頂上らしさは薄い

王冠のようなトムラウシ山頂部を眺めながら

ら延びる台地の末端に登る。標高差は約100メートルと大したことはない。それよりも振り返ったときの東大雪と沼ノ原の眺めが雄大だ。

傾斜の緩んだササ原はやがてお花畑に変わり、明るく開けたクチャンベツ川の源流に沿うようになる。周囲はチングルマ、エゾコザクラ、ツガザクラ類のお花畑に大小の岩が配され天然の庭園の趣だ。上部の雪田が水源になっており、シーズン当初はこの沢も雪に埋もれ、秋は涸《か》れ気味になる。

源頭から広々とした草原に移り、その中に敷かれた木道をたどっていく。いよいよ五色ヶ原の核心部である。前半は傍らの池塘《ちとう》を眺めたり、あるいはハイマツやかん木帯を抜けたりと変化に富む行程だ。ただし、木道は部分的に老朽化、損壊が激しいので注意したい。

五色岳山頂付近から五色ヶ原、沼ノ原を振り返る。大沼も見える

ハイマツ帯を抜けて化雲平へ

山頂標もないさっぱりした五色岳山頂

そして標高1700メートル前後からは一面のお花畑となる。かつてに比べるとやや華やかさに欠けるが、それでも7月初〜中旬の最盛期はエゾノハクサンイチゲ、ホソバウルップソウ、チシマノキンバイソウなどが随所に群落を作る。その向こうで終始、存在感を示すのがトムラウシ山や東大雪の山々だ。

標高1800メートル手前で進路を左に変え、しばらくトムラウシ山を正面に歩く。再び右に回り込むと水の取れる小沢があり、そこからハイマツ帯に入れば間もなくで五色岳である。高根ヶ原方面、トムラウシ山方面からの道が集結し、縦走者がひと息ついていく山頂だ。

五色岳から化雲岳へ

五色岳からハイマツやかん木帯の見通しの悪い道を西へ進む。1897メートル、1952メートルのコブはと

化雲平の木道からトムラウシ山を眺める

遠くからもそれと分かる頂上の化雲岩

傾斜を感じない緩い上りで化雲岳へ

もに山腹をトラバースし、ほとんど高低差はない。ただ、五色ヶ原からこの先の化雲平一帯は、ヒグマの痕跡が多く見られるところ。鳴り物などの対策も忘れずに。

やがてハイマツ帯を抜けて木道が敷かれた広い草原に入っていく。「神遊びの庭」と呼ばれる化雲平である。大小の池塘、石狩岳からニペソツ山へと続く山並み、そして五色ヶ原で見るより一段と大きくなったトムラウシ山…。人間もたっぷりと遊びたくなる場所だ。

道はそのまま進むと化雲岳をパスしてトムラウシ山に向かう。化雲岳へは途中の分岐を右に入る。砂れきの道を緩く登っていけば、頂上の化雲岩が迎えてくれる。

なお、化雲岳まで登る場合は忠別岳避難小屋またはヒサゴ沼で1泊するのが一般的であろう。

旭岳温泉から登る山

姿見ノ池、旭岳、北鎮岳など

●交通

旭岳温泉行きバス　JR旭川駅から旭川空港経由の路線バス「いで湯号」が１日４往復運行。旭川駅から１時間40分、空港から57分。**旭川電気軌道バス**　☎0166-23-3355

旭岳ロープウェイ　☎0166-68-9111。７月17日～８月15日：６時30分～17時30分（平日）、６時～18時（土日祝）。その他期日や曜日により運行時間が違うので、詳細はホームページ等で確認を。

東交ハイヤー　☎0166-82-2530（東川）、

ちどりハイヤー　☎0166-83-2645（東神楽）

●駐車場

ロープウエー前150台（有料）、公共駐車場100台（無料）

●キャンプ場

旭岳青少年野営場　☎0166-97-2544。旭岳温泉内にある。開設＝６月中旬～９月下旬。有料

●登山関係機関

旭岳ビジターセンター　☎0166-97-2153（大雪山の自然模型などを展示）

環境省東川自然保護官事務所　☎0166-82-2527

上川中部森林管理署　☎0166-61-0206

東川町産業振興課商工観光振興室　☎0166-82-2111

約1670m

姿見《すがたみ》ノ池《いけ》周辺沼めぐり

旭岳の登りから

旭岳の西側は地獄谷と呼ばれる爆裂火口によって大きくえぐられている。下部にはかつての火口であるいくつもの池が点在し、その最大のものが姿見ノ池である。ロープウエー姿見駅を起点にこれらの池を巡る散策路が整備されており、シーズン中は多くの観光客でにぎわっている。登山の前後に立ち寄るのはもちろん、見応えある周辺のお花畑を目的に訪れても満足できることだろう。

散策コース周回

旭岳を仰ぎ見るプチトレッキング

■コースタイム（日帰り装備）

姿見駅—0:20↓ 0:10↑—旭岳石室—0:15↓ 0:20↑—夫婦沼—0:15↓ 0:15↑—姿見駅

標高差約500mを約10分で

標高差　約70《メートル》

反時計回り一周　50分

■ガイド（撮影7月17日）

旭岳温泉から姿見駅まではロープウエーを利用する。ゴンドラは最初、針葉樹林、ダケカンバ林の上を通り、

体力（標高差）	30点
登山時間加算	D0
高山度（標高）	A10
険　し　さ	D0
迷いやすさ	D0
総合点40点（初級）	

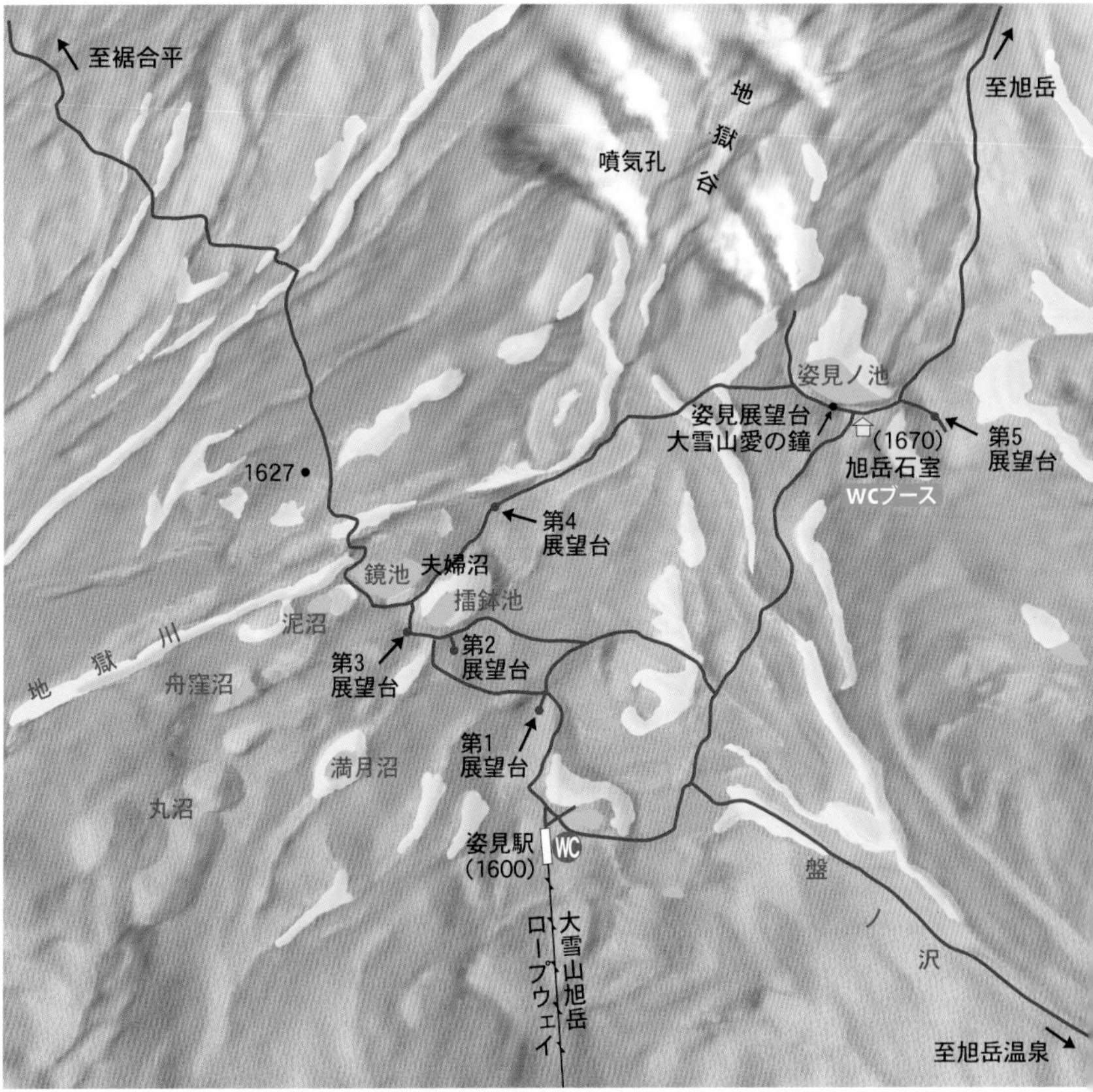

次いでウラジロナナカマドなどの低木帯を越え、ハイマツや高山植物が咲き乱れる標高1600メートルの高山帯に着く。

散策は6月下旬から9月末まで長期にわたって楽しめるが、花が多いのは7月上旬から8月上旬にかけて。6月下旬から7月上旬にかけてはキバナシャクナゲ、チングルマ、エゾコザクラが中心で、その後、エゾノツガザクラ、アオ

起点となるロープウエー姿見駅

簡単にお花畑に到達できるため、写真愛好家も多い

第５展望台の展望。トムラウシ山は山頂部がわずかに見えるのみ

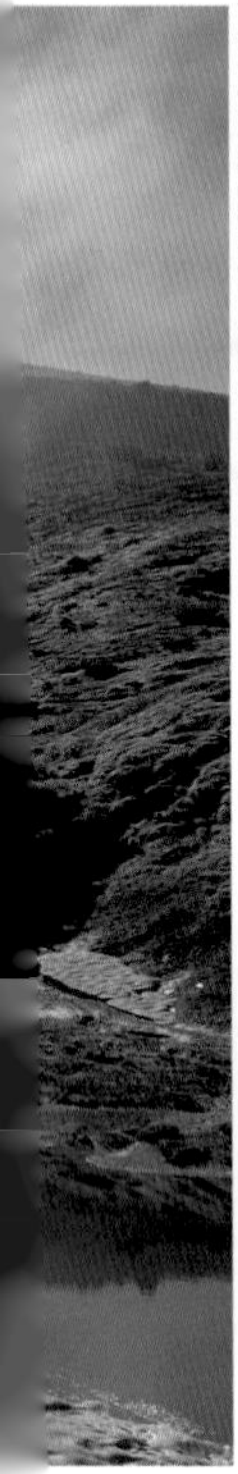

ノツガザクラ、ミネズオウ、コケモモ、イワブクロなどが次々に咲く。8月下旬から9月にかけてはミヤマリンドウ、エゾオヤマリンドウの花、チングルマの綿毛（実）などが見られる。

初めは姿見ノ池に向かおう。姿見駅前から右手に延びる遊歩道に入り、噴煙を上げる地獄谷を目指して進む。すぐにチングルマやエゾコザクラ、メアカンキンバイなどのお花畑が現れ、それらを眺めながら緩く登っていくと、程なく姿見ノ池と旭岳石室（姿見ノ池避難小屋）に着く。

姿見ノ池は古い火口に水がたまったもので、旭岳を倒影する様子が印象的。傍らにある愛の鐘は1962年12月の道教育大函館分校の遭難を弔い、ガスの中を下山してくる登山者に石室の存在を知

姿見ノ池と旭岳。７月下旬までは湖面や周囲に雪が残る

らせるために立てられたものだ。

そこから旭岳方面にわずかに登った右側は第5展望台。化雲岳方面や十勝連峰の眺めがよい。

姿見ノ池の縁に沿って時計回りに進み、ゴーゴーと音を立てる噴気孔を間近に見たら、往路とは

噴煙の成分はほとんどが水蒸気とのこと

第４展望台から見る夫婦沼。池の周囲も高山植物が多く見られる

満開の花、散り始め、そして綿毛…。淡いグラデーションとなったチングルマのお花畑

コースを変えて夫婦沼に向かおう。れき地に延びる道を下っていくと、やがて寄り添う二つの池、夫婦沼が見えてくる。向かって左が深いすり鉢状の擂鉢《すりばち》池、右が浅く広がった鏡池である。道はその間の細い尾根上を抜けていくが、この辺りも花が多いところである。

姿見駅に戻るにはその先の丁字路を左折する。右は裾合平への登山道で、少し進むと素晴らしいお花畑を満喫できる。涸《か》れ気味の地獄川を飛び石で渡ると、まず一面にキバナシャクナゲが咲く斜面となり、次いでチングルマやエゾノツガザクラのお花畑となる。ありきたりの種ではあるが、平たん地を埋めつくすように咲く様子は大雪山ならではのものといえるだろう。散策目的であればこの辺りまでとし、姿見駅に戻ろう。

鏡池越しに当麻岳、安足間岳を望む

地獄川の先に広がる旭岳中腹のお花畑

2291m

旭岳

あさひだけ

美瑛町郊外から

北海道の最高峰であり、表大雪で唯一の活火山でもある。秀麗なコニーデ型火山だが、西面が爆発で吹き飛ばされ、今もそこから活発に噴気が上がっている。旭岳の名は旭川（忠別川の異訳）の源にあることによると思われる。

標高 1600 m までロープウエーがあることから、大雪山で最も人気のある山の一つだが、裸山ゆえに下山時の道迷い遭難が多く、決して油断のできない山である。

旭岳温泉コース

ロープウエーを使わず北海道最高峰へ

■ コースタイム（日帰り装備）

旭岳温泉 ─ 2·20↓ 1·40↑ ─ 姿見駅 ─ 0·20↓ 0·10↑ ─ 旭岳石室 ─ 1·40↓ 1·00↑ ─ 旭岳

旭岳温泉から
標高差　1190メートル
登り　4時間20分
下り　2時間50分

■ ガイド（撮影7月17日）

ロープウエー駅右側から登山道が始まるが、公営無料駐車場からも直接登ることができる。湿った草地から針葉樹林帯に入る。道はそこそこ整備されて歩きやすい。

登り始めて小1時間で第一天女ヶ原に着く。アカエゾマツに囲まれた小規模な湿原で、ミズバショウやワタスゲ、タチギボウシなどが咲いている。

旭岳温泉から

体力（標高差）	45点
登山時間加算	C 5
高山度（標高）	A10
険しさ	D 0
迷いやすさ	C 3
総合点65点（中級）	

郵 便 は が き

料金受取人払郵便

札幌中央局
承　　認

6262

差出有効期間
2022年12月
31日まで
(切手不要)

0 6 0 - 8 7 5 1

6 7 2

(受取人)
札幌市中央区大通西3丁目6
北海道新聞社 出版センター
愛読者係
行

お名前	フリガナ		
ご住所	〒□□□-□□□□　都道府県		
電話番号	市外局番（　　　） —	年 齢	職 業
Eメールアドレス			
読書傾向	①山 ②歴史・文化 ③社会・教養 ④政治・経済 ⑤科学 ⑥芸術 ⑦建築 ⑧紀行 ⑨スポーツ ⑩料理 ⑪健康 ⑫アウトドア ⑬その他（　　　）		

★ご記入いただいた個人情報は、愛読者管理にのみ利用いたします。

愛読者カード

北海道夏山ガイド② 表大雪の山々 最新第2版

本書をお買い上げくださいましてありがとうございました。内容、デザインなどについてのご感想、ご意見をホームページ「北海道新聞社の本」https://shopping.hokkaido-np.co.jp/book/の本書のレビュー欄にお書き込みください。

このカードをご利用の場合は、下の欄にご記入のうえ、お送りください。今後の編集資料として活用させていただきます。

〈本書ならびに当社刊行物へのご意見やご希望など〉

■ご感想などを新聞やホームページなどに匿名で掲載させていただいてもよろしいですか。（はい　いいえ）

■この本のおすすめレベルに丸をつけてください。

高（ 5 ・ 4 ・ 3 ・ 2 ・ 1 ）低

〈お買い上げの書店名〉

都道府県　　市区町村　　書店

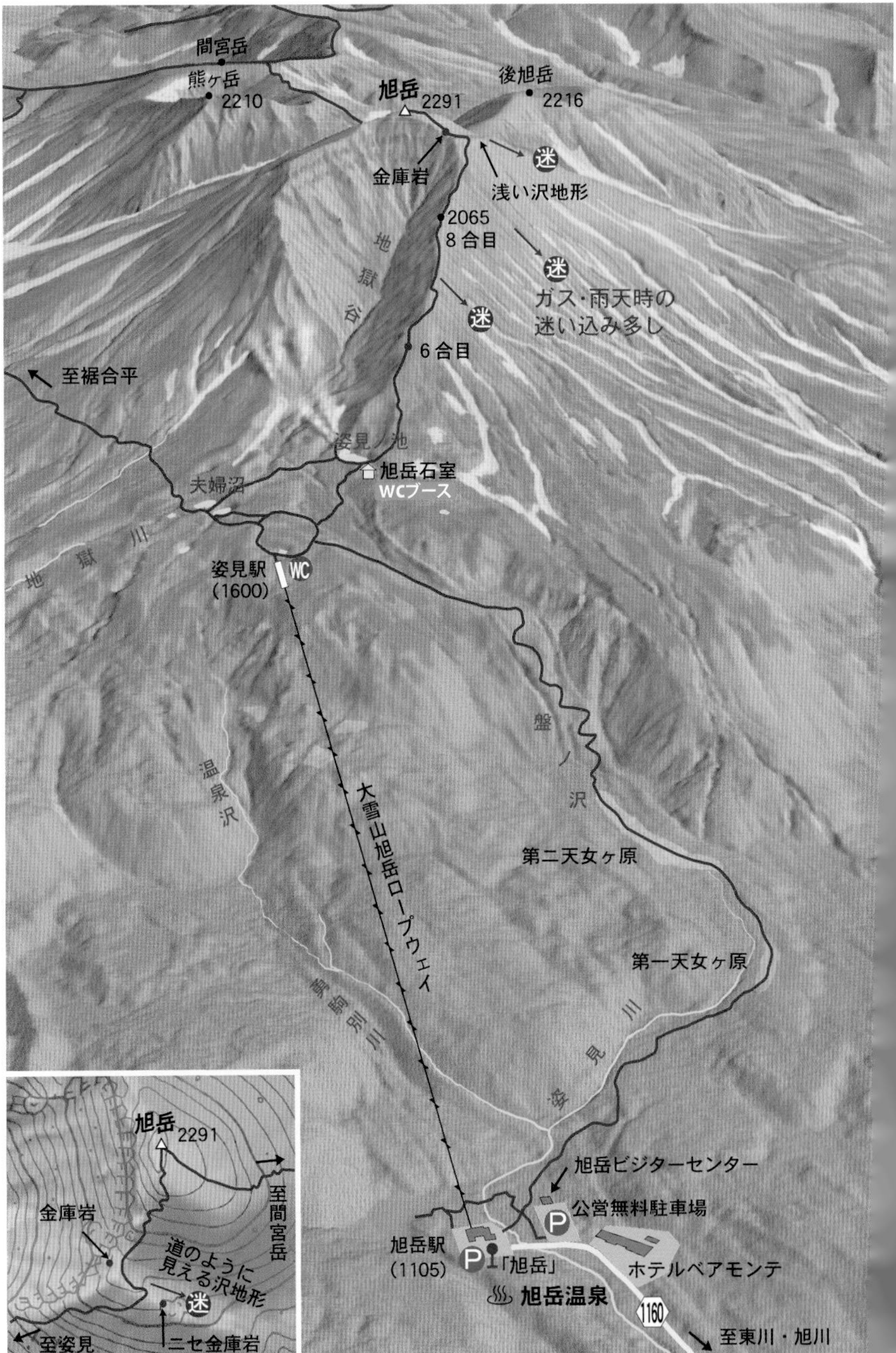
間宮岳
熊ヶ岳
2210
旭岳
2291
後旭岳
2216
金庫岩
浅い沢地形
迷
2065
8合目
地獄谷
迷
ガス・雨天時の
迷い込み多し
迷
6合目
至裾合平
姿見ノ池
旭岳石室
WCブース
夫婦沼
地獄川
姿見駅
(1600)
WC
盤ノ沢
温泉沢
大雪山旭岳ロープウェイ
第二天女ヶ原
第一天女ヶ原
勇駒別川
姿見川
旭岳ビジターセンター
公営無料駐車場
P
旭岳駅
(1105)
P
「旭岳」
ホテルベアモンテ
旭岳温泉
1160
至東川・旭川
旭岳
2291
至間宮岳
金庫岩
道のように
見える沢地形
迷
ニセ金庫岩
至姿見

天女ヶ原の木道はかなり朽ちてきている。草に隠れた部分は要注意

第二天女ヶ原から姿見川を渡ると登りとなる

要所に立つ標識

湿原から樹林に入り、姿見川を渡ると再び湿原が眼前に広がる。より規模の大きな第二天女ヶ原だ。

湿原を走る木道はかなり朽ちているので慎重に歩きたい。特に夏場は木道が草に覆われて足元がよく見えず、花や景色に見とれて歩くと大けがをするかもしれない。

湿原が終わると再度姿見川を渡り、傾斜のある山道に変わる。やや岩の多い野性味ある本格的な登りとなり、高度を上げるに従い周

ダケカンバ林の中に岩の多い傾斜のある道が続く

ダケカンバ林を抜け低木帯になると、花も増える

姿見周辺に広がるチングルマやツガザクラ類のお花畑

囲の環境は針葉樹林からダケカンバ林に変わる。道の脇ではシラタマノキ、ミヤマホツツジ、ウコンウツギなどの低木が見られる。

高度が上がるに従いハイマツが現れて右手には小さな岩壁を伴った斜面が続く。この辺りの沢を盤ノ沢といい、タカネナナカマドが一面に生え、初夏は白い花、秋には見事な紅葉の見どころとなる。

登山道が広くなり、傾斜が落ちてくると高山の雰囲気が濃厚となり、ツガザクラ類やチングルマ、ミヤマリンドウなどの高山帯の役者たちが姿を見せ始めて、気持ちが浮き浮きしてくる。

傾斜がなくなると程なく分岐点となる。左へ進むとすぐ姿見駅、右は15分ほどで姿見ノ池に着く。以降は次項に続く。

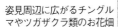

振り返るたびに姿見ノ池や姿見駅が小さくなっていく

姿見コース

地獄谷の縁に沿い北海道最高峰を登る

■コースタイム（日帰り装備）

姿見駅 —0:20↓ 0:10↑— 旭岳石室 —1:40↓ 1:00↑— 旭岳

姿見駅で装備を整え、いざ出発

標高差　690メートル
登り　2時間
下り　1時間10分

■ガイド（撮影7月14日）

本項はロープウェーを利用し、姿見駅を出発点としてガイドする。ロープウェーの運行時間は、夏山シーズン中（6～10月）も期日や曜日によって違うので、よく確認しておこう。

　姿見駅を出ると、正面に目指す旭岳が堂々とした姿で鎮座している。まずは右に進む散策路に入り、すぐに前項でガイドした旭岳温泉からの道と合流する。一帯はすでに高山帯であり、

姿見駅から

体力（標高差）	40点
登山時間加算	D 0
高山度（標高）	A10
険　し　さ	D 0
迷いやすさ	C 3
総合点55点（中級）	

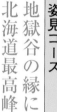

殺風景なれき地にマルバシモツケがまぶしい

ザレた急斜面をひたすら登り続けるのみ

スタート直後からチングルマやキバナシャクナゲなどのお花畑を楽しめるというぜいたくさだ。

小高い丘に登ると眼前に姿見ノ池が現れ、風がないときは「姿見」の名の通り、池に映る旭岳の姿を見られる。傍らには旭岳石室（姿見ノ池避難小屋）とガスなどで迷う登山者を導く愛の鐘がある。

散策路があるのはここまでで、観光客らと別れ、旭岳に向かう登山道に入る。周囲は打って変わって岩れきの斜面となり、植物はマ

遭難に注意

活火山で裸山の旭岳は下山時の道迷いが非常に多い。

高山なので天気が激変し、上部が強風とガスに包まれることがよくある。晴れていれば迷う山ではないが、ガスに包まれて視界が利かない下山時に斜面を忠別川側へ下ってしまうのだ。

過去のデータ上から、迷う人は①旭岳は初めてで下山コースとして使った　②コースを事前によく勉強していなかった――というケースが目立つ。

具体的には道外からの登山者で、黒岳などから縦走して旭岳を下山コースに選び、コースの概要をガイドブックなどで十分に理解していなかったという例が多いのだ。

もちろん姿見から登り降りしていて道に迷う初心者も多い。本書では姿見からのコースも中級とした。快晴時には初級だが、視界不良時のルートファインディングの難しさを配慮した。

実際には注意していれば難しいことではないのだが。

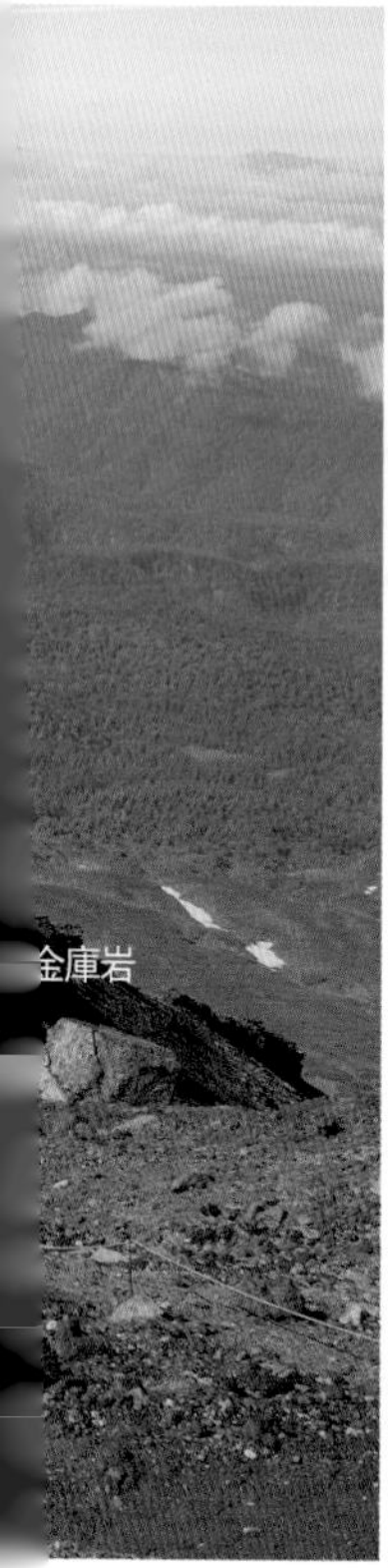

登るに従い地獄谷が荒々しい表情を見せつける

旭岳石室

黒岳石室と同じ大正後期に建てられたが、ロープウエー開通後は避難小屋としての存在感が薄くなった。2001年に休憩舎を兼ねて建て替えられた。携帯トイレブースが隣接する。小屋使用に関する注意は以下の通り。

●緊急時以外の宿泊は禁止。
●通常時の火気使用禁止
▶管理・問い合わせ先＝上川総合振興局☎0166-46-5922

ルバシモツケくらいしか見当たらない。ルートは概ね明瞭だが、シーズン始めや場所によっては不鮮明だったり複数の踏み跡が錯綜《さくそう》したりする。特にガスに巻かれたときは、ひとたび見落とすと再発見が難しいので注意したい。

一方、晴れていれば遮るものがないだけに、展望は抜群だ。高度が上がるにつれ、化雲岳からトムラウシ山、十勝連峰と遠くの頂が見えてくる。小《ポン》化雲岳をさかのぼるような通称うなぎ雪渓も目立つことだろう。振り返ると姿見付近の火口湖群や沼ノ平、さらに山麓の平野部まで見渡すこともできる。時折、合目の標柱があるが、簡素なものなので気付かないかもしれない。

標高２１００メートルを過ぎ、岩稜《がんりょう》帯が出てくると、道はその右を沿うようになる。やがて現れる大き

山頂直下から金庫岩とニセ金庫岩を見る。位置関係をよく覚えておこう

な真四角の岩はニセ金庫岩。道はその手前で左にカーブし、次いでその先の金庫岩で右にカーブ。S字を描くように進む。晴れていればどうということはないが、悪天時は二つの岩が紛らわしく、かつては道迷いの多発地帯だった。今はコースに沿ってガイドロープが張られている。最後に目の前の短い斜面を登り詰めれば、北海道の最高点、旭岳の山頂だ。

山頂からはそれまで見られなかった東～北側の展望が新たに開ける。白雲岳、黒岳、北鎮岳、比布岳など表大雪の山々をはじめ、ニセイカウシュッペ山などの北大雪、さらに条件が良ければ阿寒の山や斜里岳、利尻山までも見える。すぐ近くには後《うしろ》旭岳や熊ヶ岳が大きいが、これらへの登山道はない。

見通しの悪いときの下山はくれ

旭岳山頂から北東方面の展望

一等三角点のある山頂

ぐれも注意したい。前述の金庫岩のＳ字を回り込んだ後は、地獄谷の縁を忠実にたどって下ることを覚えていれば、迷うことはない。

旭岳から間宮岳分岐へ

旭岳 ―1:00↓ 1:30↑― 間宮岳分岐

この区間は旭岳と他の山を結んで歩くときに必ず通る。迷いやすい箇所もあるので注意したい。

旭岳山頂から東斜面を下るが、視界不良時はまずその入り口から迷いやすい。必ずコンパスやＧＰ

Sで方角を確認しよう。滑りやすい砂れきの急斜面は、早い時期は早々に広い雪渓へと変わる。晴れ

山頂から見下ろした地獄谷と姿見

旭岳東面の急斜面と雪渓を下る

キャンプ指定地を背に熊ヶ岳を登る

高根ヶ原越しにニペソツ山を望む

ていれば目指す熊ヶ岳方面のルートが見えているが、ガスがかかると分かりにくく、特に後旭岳との鞍部《あんぶ》を越えて南側に迷い込まないよう注意したい。また雪が硬いときは滑落にも要注意だ。

　斜度が緩んだ辺りでやや左に進路を変え、下り切ると裏旭キャンプ指定地になっている熊ヶ岳との鞍部である。

　ここから熊ヶ岳の外輪山を目指し山腹を斜めに登っていく。砂れきの斜面にはエゾタカネスミレやイワヒゲなどが多く、進むにつれてチングルマやツガザクラ類の群落も出てくる。白雲岳から高根ヶ原、その奥の石狩連峰の眺めもよく、稜線まで上がると左手に熊ヶ岳の火口跡も現れる。いくつもの火山から成る大雪山には、溶岩円頂丘と呼ぶドーム型のピークや爆

間宮岳分岐付近から振り返った熊ヶ岳と旭岳

裏旭キャンプ指定地

旭岳の東面、熊ヶ岳との平たんなコルに位置する。水は遅くまで残る雪渓の融水を利用する。携帯トイレを使い、必ず持ち帰ること。

▶設営数：10張り

▶利用料：無料

裂火口は多いものの、顕著な火口跡を持つのはこの熊ヶ岳と白雲岳くらいだ。

その外輪山も程なく間宮岳に続く平たんな台地に吸収され、ベンチの置かれた間宮岳分岐に着く。中岳温泉や北鎮岳を目指すなら左へ、北海岳や白雲岳方面は右である。黒岳へは右に反時計回りに進む方が若干近い（詳しくは44ページ「御鉢平1周」を参照のこと）。

明るく開放的な間宮岳分岐

旭岳の噴煙を背景に咲くイソツツジ

2244m

北鎮岳《ほくちんだけ》

山の概要は36ページ
雲ノ平コースは36ページ
愛山渓コースは160ページ

裾合平コース

チングルマ群生するお花畑を抜けて

■**コースタイム**（日帰り装備）

ロープウエー姿見駅 ─ 2:00↓ 1:50↑ ─ 裾合平《すそあいだいら》 ─ 1:40↓ 1:10↑ ─ 中岳分岐 ─ 1:00↓ 0:45↑ ─ 北鎮岳

獲得標高差　約730メートル
登り　4時間40分
下り　3時間45分

■**ガイド**（撮影7月19日）

体力と目的に応じて

旭岳温泉を起点としながら、旭岳を経由せず直接北鎮岳に登るコースである。標高差はさほどないが距離が長く、コース評価の数字以上に体力の消耗を感じるかもしれない。

途中には裾合平の広大なお花畑やその上部に湧く中岳温泉などがあり、それらを目的に訪れる登山者も多い。また、裾合平から愛山渓へ抜けるコースもあり（140ページ、176ページ参照）、紅葉の季節を中心に大勢のハイカーが訪れる。

さらに北鎮岳に登った後に、安足間岳から当麻乗越《のっこし》を経て姿見に戻るコース設定も考えられる。コースタイムで10時間オーバーとなり、ロープウエーの運行時間を考慮する必要があるが、健脚者であれば可能である。

体力（標高差）	40点
登山時間加算	C5
高山度（標高）	A10
険しさ	D0
迷いやすさ	D0
総合点55点（中級）	

きつい起伏はないが距離が長い巻き道

大岩のベンチから当麻岳を見る

雪に埋まった沢形を渡る。解けるとアップダウンに

姿見駅から裾合平へ

姿見駅から正面の散策路に入り、各分岐を左へ左へと進んで裾合平方面の登山道に入る。観光客の喧《けん》騒《そう》から解放されるとともに、チングルマの群落やエゾノツガザクラ、イソツツジなどが多く見られ、さっそく山旅気分が盛り上がってくる。8月の沢筋に現れるエゾオヤマリンドウの群落も見事だ。

道は旭岳の山裾を巻き、小さな起伏を伴いながら緩く登っていく。途中の大きな岩を境に姿見方面の景色に別れを告げ、代わって前方に裾合平を囲む当麻岳や安足間岳が見えてくる。北西斜面に回り込んで何本かの沢地形を上り下りすると、木道や木の階段が続く下りとなり、ハイマツと奇岩に囲まれた裾合分岐に着く。

ここは裾合平方面と沼ノ平方面

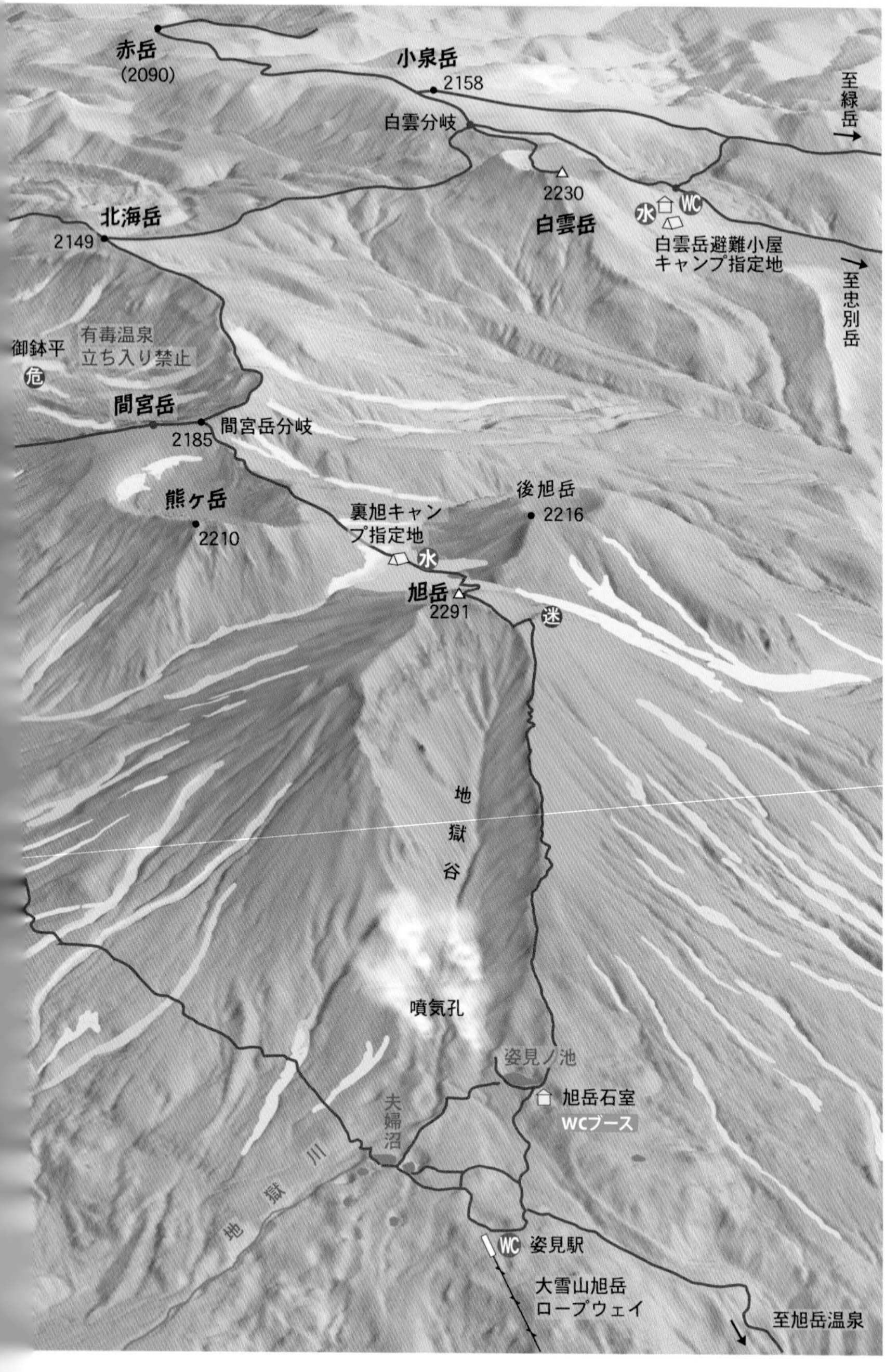

赤岳
(2090)
小泉岳
2158
至緑岳
白雲分岐
2230
白雲岳
水
WC
白雲岳避難小屋
キャンプ指定地
至忠別岳
北海岳
2149
御鉢平
危
有毒温泉
立ち入り禁止
間宮岳
2185
間宮岳分岐
熊ヶ岳
2210
後旭岳
2216
裏旭キャンプ指定地
水
旭岳
2291
迷
地獄谷
噴気孔
姿見ノ池
旭岳石室
WCブース
夫婦沼
地獄川
WC
姿見駅
大雪山旭岳
ロープウェイ
至旭岳温泉

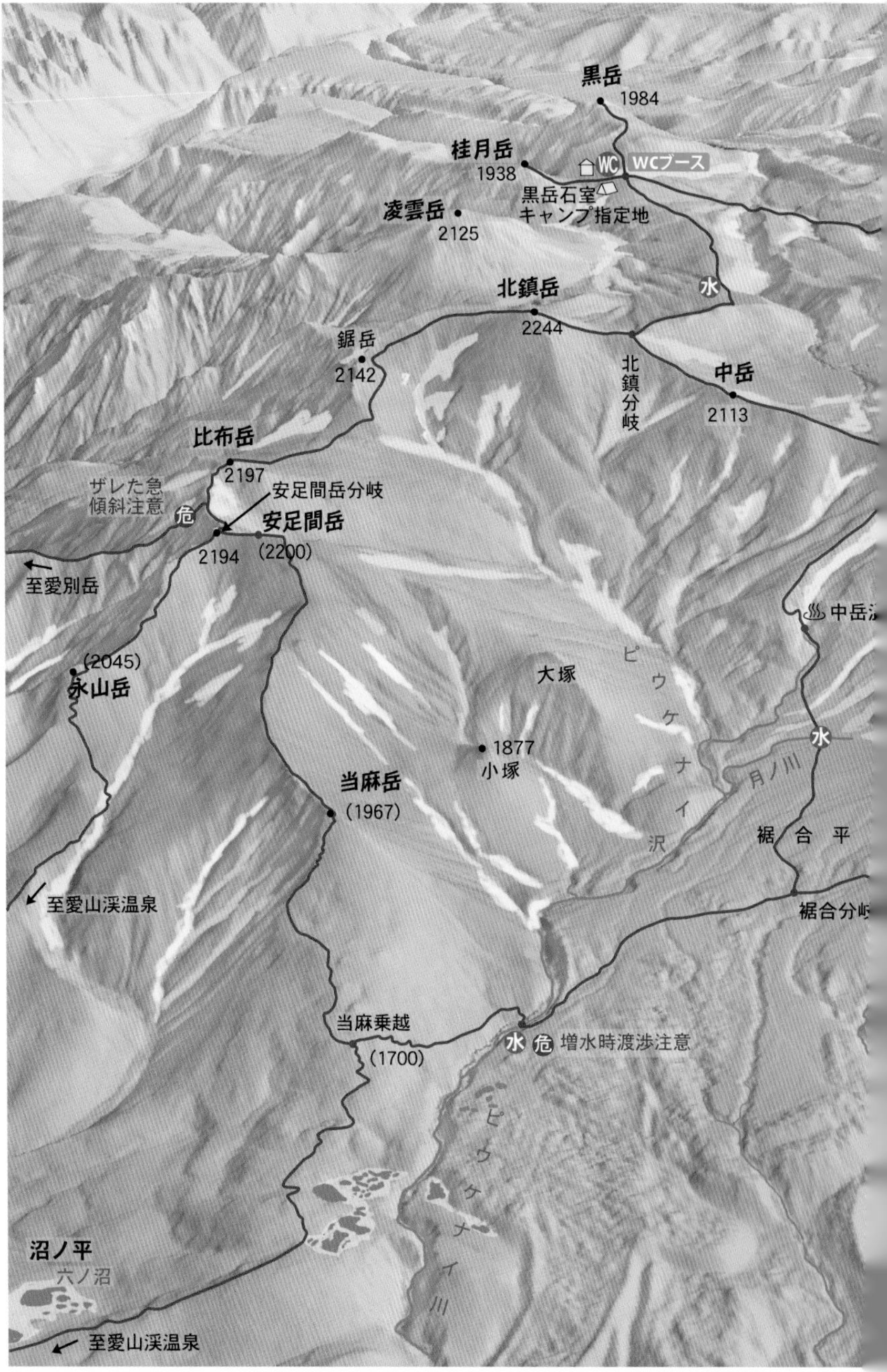

黒岳
1984
桂月岳
1938
WC
WCブース
黒岳石室
キャンプ指定地
凌雲岳
2125
水
北鎮岳
2244
鋸岳
2142
北鎮分岐
中岳
2113
比布岳
2197
ザレた急傾斜注意
危
安足間岳分岐
安足間岳
2194
(2200)
至愛別岳
中岳温
(2045)
永山岳
大塚
ピウケナイ沢
水
1877
小塚
月ノ川
当麻岳
(1967)
裾合平
至愛山渓温泉
裾合分岐
当麻乗越
(1700)
水
危
増水時渡渉注意
ピウケナイ川
沼ノ平
六ノ沼
至愛山渓温泉

休憩スペースのある裾合分岐

自然が作った造形美。月ノ川の残雪

の道を分けるとともに、広いベンチが設けられている。木道が敷かれた裾合平は休憩場所に乏しいので、昼食やグループでの休憩はここを利用するのがよいだろう。

分岐を右折し、ハイマツとかん木の中を緩く登って東に向かう。程なく前方が明るく開けて、本コースのハイライト、裾合平の広大なお花畑となる。圧巻はなんといっても見渡す限りのチングルマの群生だ。見頃は7月中旬だが、雪解け具合によって前後し、また年によって若干の当たり外れもあるようだ。さらにエゾノツガザクラ、アオノツガザクラ、エゾノハクサンイチゲも咲き誇り、盛夏であればミヤマバイケイソウが風に揺れているはずである。

コースの木道は近年、老朽化が激しく、蛇籠で固めた歩道が並行

旭岳（右）と熊ヶ岳をバックに咲く裾合平のチングルマ群落。まさに一面！

朽ちた木道の横に作られた蛇籠の道

する部分もある。写真撮影に夢中になり、さらに一歩踏み出す人も見受けられるが、マナーはきちんと守りたい。

別天地のような裾合平も、旭岳と熊ヶ岳の間から流れ出る月ノ川を渡ると別れを告げることになる。

裾合平から北鎮岳へ

次第に両側から斜面が近づき、道は狭い谷へと入っていく。傍ら

河原に大小の「湯船」があるだけの中岳温泉。多くの人は足湯を楽しんでいく

裾合平と中岳温泉の間に咲くエゾノリュウキンカ

を流れる沢水は幾分白っぽいが、これは硫黄分を含んでいるため。そしてその源となっているのが、程なく現れる中岳温泉である。

　温泉といっても河原に素掘りの「湯船」があるだけで、脱衣所や目隠しなどの施設は何もない。プップッと湧く源泉は熱く、いかにも成分が濃そうだ。実際、浅い湯船に体を浸すと極楽気分だが、視線も多く勇気がいるかも。

　温泉の先で両側から崖が張り出したゴルジュ状となり、道はその手前で大きく電光を切って右岸の尾根に上がる。周囲はハイマツに覆われているが丈は低く、展望を楽しみながら中岳分岐へ向かう。左前方には目指す北鎮岳から比布岳へと続く稜線《りょうせん》、背後には通ってきた裾合平が広々としている。チングルマのピーク時には、ほん

中岳分岐手前から裾合平方面を遠望。お花畑を横切る木道も見える

同じく中岳分岐への登りから見た北鎮岳（中央右）と鋸岳

のりとその白さが分かるほどだ。

やがて砂れきの斜面となり、左へトラバース気味に進路を変えると、間宮岳と中岳の鞍部《あんぶ》にある中岳分岐に着く。目の前に広がる御鉢平の光景は、裾合平を極楽とすれば、地獄といったところか…。

すでにかなりの距離を歩いてきた感があると思うが、ここまで来れば北鎮岳はもうひと頑張りだ。分岐を左折し、砂れきの斜面を中岳へと登る。御鉢平を囲むいくつかの山と同様、稜線上の起伏程度の目立たないピークだが、立派な山頂標柱が立っている。

道はほとんど下ることのないまま尾根上をたどり、北鎮分岐の手前でやや急な登りとなる。薄茶色の砂れきのなかで遠目には分かりづらいものの、周囲にはエゾタカネスミレが多く、注視すると見応

中岳に向けて砂れきの道を登っていく

中岳付近で多く見られるエゾタカネスミレ

えある大きな株も見つかる。

　北鎮分岐は北鎮岳山頂と黒岳方面との道を分けるところだ。仰ぎ見る山頂は急で大きく見えるが、登ってみればそれほどでもない。大小の岩がガラガラとした道を一歩ずつ踏みしめていけば、北海道第2の高峰の頂は間もなくである。

愛山渓温泉から登る山

沼ノ平、安足間岳、比布岳、愛別岳など

●交通

JR上川駅からタクシーを利用する。**層雲峡観光ハイヤー** ☎01658-2-1181

愛山渓倶楽部宿泊者はJR上川駅まで送迎がある。

●マイカー情報

国道39号から道道223号に入り、終点の愛山渓温泉まで約19km。全線舗装だが、終盤は狭くカーブが続く。駐車場約50台（無料）

●愛山渓倶楽部

愛山渓温泉唯一の宿泊施設で、本館とヒュッテからなる。ともに素泊まり専用。ヒュッテは相部屋のロッジで、寝具を持参のこと。**営業期間**：5月中旬～10月上旬。**定員**：45人。**宿泊料金**：4000円～（本館）、2500円（ヒュッテ）。**問い合わせ先** ☎01658-9-4525

なお、愛山渓温泉はテント設営禁止区域。

●登山関係機関

層雲峡温泉（21ページ）を参照のこと。

雲井ヶ原《くもいがはら》

約1080m

イラスト地図は141ページ

雲井ヶ原の中心部

大雪山の山腹、溶岩台地上には湿原が発達し、その大部分が高層（ミズゴケ）湿原である。雲井ヶ原もその代表的な例で、アカエゾマツの森に囲まれた、比較的こぢんまりした湿原である。愛山渓温泉から往復1時間も要しないので、本格的な登山の足慣らしに訪れるのもよいだろう。湿原の花も多いが、愛別岳をはじめとする大雪山北面の迫力ある景観が楽しめるところでもある。

愛山渓温泉コース

針葉樹の森をくぐって花咲く湿原へ

■コースタイム（日帰り装備）

愛山渓温泉 ―0・30↓ 0・20↑― 雲井ヶ原

標高差 70メートル

■ガイド（撮影8月9日）

登り 30分
下り 20分

愛山渓温泉の貫禄ある別館（ヒュッテ）の北側から散策路が延びている。入山口は駐車場北東端にあり、ここに公衆トイレと登山届ボックスが備えられている。

小さな沢

樹林下でササに覆われそうになっている標識

体力（標高差）	30点
登山時間加算	D 0
高山度（標高）	C 3
険しさ	D 0
迷いやすさ	D 0
総合点35点（初級）	

コヨウラクツツジ。花期は初夏

コース入り口。横にはトイレがある

割とよく整備された登山道。樹林下に咲く花々をゆっくり楽しめる

を渡ると散策の開始だ。程よく整備された道がゆったりとしたカーブを描いてアカエゾマツとダケカンバの混交林の中に延び、われわれを奥へと導いてくれる。

林床はササの部分も多いが、北国らしい花々に歓声を上げることもしばしばである。初夏の頃はムラサキヤシオやコヨウラクツツジがことに美しく、その下にはゴゼンタチバナやマイヅルソウ、エゾイチゲ、さらに目立たない花をつけるクロウスゴなど針葉樹林帯の常連たちがにぎやかに咲いていることだろう。秋にはミネカエデの黄葉とナナカマドの紅葉が、黒々としたアカエゾマツとの見事なコントラストをつくる。

歩き始めて20分ほどでようやく体が周囲の環境になじんでくる。緩い登りの道は平たんとなり、そ

夏はミズバショウの葉で覆われる木道

エゾカンゾウの盛りを迎えた雲井ヶ原（7月下旬）

してやや下りへと変わる。周りにはミズバショウが多く見られるようになり、やがて道は朽ちかけた木道に変わる。その上をミズバショウの大きくなった葉が覆っていたら要注意。踏むとバナナの皮のように滑ってしまう。

　そうして樹林が途切れると高層湿原、雲井ヶ原に到着である。このような湿原は大雪山の各所で見られるが、そんな中においても雲井ヶ原は規模が小さいながらほかの湿原と遜色のない景観が得られるのがうれしい。特に樹林越しに望む愛別岳と永山岳の荒々しい北斜面が圧巻である。

　目を足元に向けると、初夏から夏にかけてショウジョウバカマやミツバオウレン、エゾカンゾウ、ツルコケモモ、ワタスゲ、タチギボウシ、モウセンゴケ、ホソバノ

木道の終点。ベンチは利用できなくなったが愛別岳の姿は変わらない

キソチドリなどが次々と咲いて訪問者の目を楽しませてくれる。

コースの終点は湿原の中心部、かつて木の広場とベンチがあったところだ。ただし、今は朽ちた残骸が残るだけである。静かに流れる時間を満喫したら、往路を戻ることにしよう。

フトヒルムシロの葉が浮かぶ池塘（ちとう）

約1450m（六ノ沼）

沼《ぬま》ノ平《たいら》

当麻岳への登山道から

沼ノ平は沼ノ原とともに表大雪を代表する高層湿原である。ともに溶岩台地で、標高は約1400ｍ前後と一致している。この高度では夏も気温が低く、植物の腐敗が進まないまま堆積するため、高層湿原が発達しやすい。他にも旭岳周辺、トムラウシ山周辺など、各地に小さな沼を多数ちりばめた湿原があるが、残念ながら登山道がなくて接近できない。春から秋まで花、紅葉で楽しませてくれる。

愛山渓温泉コース

渓谷美と高所の湿原美を楽しむ

■ **コースタイム**（日帰り装備）

〈三十三曲《まがり》コース〉

愛山渓温泉 —0:30↓ 0:20↑— 三十三曲分岐 —1:30↓ 1:00↑— 沼ノ平分岐 —0:20↓ 0:20↑— 六ノ沼

標高差　約440メートル
登り　2時間20分
下り　1時間40分

〈沢コース〉

三十三曲分岐 —1:00↓ 0:40↑— 滝ノ上分岐 —0:15↓ 0:10↑— 沼ノ平分岐

登り　2時間05分
下り　1時間30分

■ **特記事項**

2020年秋現在、三十三曲分岐～滝ノ上分岐間の沢コースは、一部崩壊のため通行止めとなっている。復旧に向けて関係機関が協議中だが、再開は未定。

■ **ガイド**（撮影7月25日、9月15日）

愛山渓温泉の前から林道を奥に進み、100メートルほどで左に分かれる歩道に入る。しばらく湿った林

間を行ったのち、丸木橋でイズミノ沢を渡る。すぐ先が三十三曲分岐で、右が三十三曲コース、直進が沢コースである。

三十三曲コース

体力(標高差)	35点
登山時間加算	D 0
高山度(標高)	B 6
険　し　さ	D 0
迷いやすさ	D 0
総合点40点（初級）	

三十三曲コース

分岐を右折すると同時につづら

登山口の愛山渓温泉

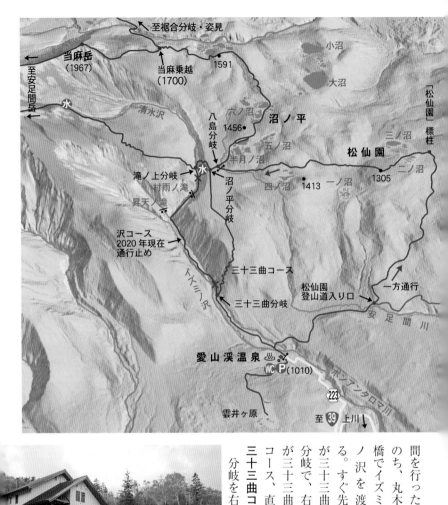

序盤は沢沿いのじめじめした道が続く

出発して 100 m ほどで左の歩道に入る

三十三曲分岐。右の急斜面に取り付く

立派な丸太橋が架けられた

折りの急斜面に取り付く。沼ノ平を形成する台地の末端までは標高差約200メートル。細かくジグザグを切って登る。以前はぬかるみが多かったが、近年、随所にさり気なくも職人技的な整備が施され、歩きやすくなった。生態系が復元していくことを目指した近自然工法によるものだそうだ。

斜度が緩み道が直線的になってくると苦しい登りももう終わり。丈の高いササとかん木の中をたどって沼ノ平分岐に至る。

沢コース

以下は通行止めになる18年以前の状況である。三十三曲分岐を直進し、イズミノ沢左岸の道をゆく。やがて正面に見えてくるのは支流に懸かる昇天ノ滝。道は手前で本流に沿って右に折れる。

徐々に高度を上げてゆくと、今

沢コースの村雨ノ滝

斜度が緩むと沼ノ平分岐は近い

三十三曲を登る。部分的にぬかるみも

度は村雨《むらさめ》ノ滝が現れる。左岸を高巻くように越えるが、滑りやすい岩場もあり注意が必要だ。

滝の上は広い河原で、穏やかになった流れを渡渉すれば、程なく滝ノ上分岐となる。左は永山岳方面。沼ノ平分岐は直進してすぐ渡渉し、対岸の斜面をひと登りだ。

沼ノ平分岐から六ノ沼へ

沼ノ平分岐で道標に従い沼ノ平方面に進む。すぐに松仙園出口の八島分岐を通過。するとにわかに周囲が開けて大きな沼が現れる。半月ノ沼といい、いよいよ沼ノ平に入ったのである。道は木道に変わり、湿原の縁に沿うように進む。

沼ノ平は少しずつ標高の違う湿原がいくつも集まっているのが特徴で、点在する大小の丘とともに、立体的な景色の変化が感じられる。広大な一つの湿原から成る沼

半月ノ沼を見渡す。紅葉の季節もおすすめだ

ノ原（94㌻参照）とは対照的だ。

　半月ノ沼から六ノ沼に向かうところもそんな地形変化の一つ。一段上がってかん木帯を抜け、次なる湿原へと入っていく。その手前で沼に沿って右に分かれる木道は古いルートの名残で、すぐ先にごきげんなウッドデッキが待っている。また、この付近は7月上旬まで沼に向かって残雪があるので滑落しないよう注意したい。

　六ノ沼は先ほどとは逆に山側に

半月ノ沼のウッドデッキ風休憩所

ワタスゲがそよぐ六ノ沼。背後に当麻岳の尾根が迫る

当麻乗越への途中から見る沼ノ平

沼を見ながら巡る。ワタスゲが多く、白い綿毛が揺れる岸辺に、当麻岳や永山岳の斜面がダイナミックに迫る様子が印象的だ。

さて、沼巡りだけならこの辺りで引き返すことになるが、余裕があれば当麻乗越《のっこし》方面に少し足を延ばしてみるといい。少し登るだけで湿原全体を俯瞰《ふかん》的に展望できる。詳しくは「当麻岳、安足間岳」（170㌻）を参照のこと。

約1400m（最高地点）

松仙園《しょうせんえん》

イラスト地図は141ページ

当麻岳中腹から

松仙園は沼ノ平の西方、標高約1300 m の台地上に広がる高層湿原である。周囲はアカエゾマツの森に囲まれ、ダケカンバの疎林とチシマザサの中にあるような沼ノ平とは対照的な景観を見せている。旭岳の眺めについては、少し遠くなるが山腹深く刻まれた爆裂火口がはっきりと見えるのがうれしい。愛山渓温泉から程よい距離にあり、夏の花々から秋の紅葉まで楽しみの多いところである。

愛山渓温泉コース

山岳景観と豊富な湿原植物を楽しむ

■**コースタイム**（日帰り装備）

愛山渓温泉 0·30↓松仙園登山道入り口 1·20↓松仙園 1·15↓四ノ沼湿原 0·15↓八島分岐 1·20↓愛山渓温泉

標高差　435メートル

反時計回り一周　4時間40分

■**ガイド**（撮影7月30日ほか）

久しく入山できなかった道が再整備されて、2020年夏から一定の条件の下で通行できるようになった。開通期間は7月15日～9月30日。また、反時計回りの一方通行に限られ、沼ノ平方面からは入ることができない。

コースは愛山渓温泉を出発してすぐ沼ノ平への道を左に分け、古い林道跡を進む。せっかくの秀峰愛別岳を背にするのが少し残念だ。

30分ほどで大きな案内板が設置

体力（標高差）	35点
登山時間加算	C 5
高山度（標高）	B 6
険しさ	D 0
迷いやすさ	D 0
総合点45点（初級）	

所々でひどいぬかるみを通る

愛別岳を背に林道跡を歩き始める

林道跡から勾配のある山道に入る

松仙園まで1.4km。ここから荒々しい道へ

されている登山道入り口に到着する。ここから展望の利かない樹林帯の登山道へと入る。傾斜が緩いのは造材作業道の跡であるからだ。そして傾斜がない分、所々でひどいぬかるみとなっている。スパッツの装着を推奨し、また悪天の後なら長靴が有利だろう。

花と景色を楽しみながら快適な木道歩き。二ノ沼にて

四ノ沼付近の新しい刈り分け道を登る

かつての分岐点、「松仙園」の標柱から木道が始まる

　やがて「松仙園まで1・4キロ」の標識の地点でコースは左に折れ、勾配のある野性味たっぷりの道へと変わる。しばらく水流の跡のような溝や岩をかわしながら進むうちに高度も上がり、周囲がダケカンバとササ原で明るくなってくると湿原は近い。

　部分的に湿原が現れると昔日の松仙園分岐点となる。かつては西の米飯《ペーパン》へ下る長い登山道や、三ノ沼湿原を経由して旭岳温泉に続く登山道が交差していたが、いずれも廃道となった。今は左折して沼ノ平へ抜ける道が残るだけで、その角に真新しい「松仙園」の標識が設置されている。

　ここからいよいよ核心部となり、新しい木道が敷かれた二ノ沼湿原に入っていく。足元の花々を愛でながら、大雪山の山々を眼前に眺

八島分岐手前の湿原。右手はお花畑。前方には永山岳の登山道も見える

めるというぜいたくな行程である。

この高層湿原ではツルコケモモやワタスゲ、ヒメシャクナゲ、エゾカンゾウ、タチギボウシ、ホソバノキソチドリなどに加え、池塘《ちとう》にはミツガシワやヒツジグサ、そしてチシマミクリが見られる。周囲のアカエゾマツ林越しに望む旭岳の姿も実にいい。

湿原歩きを終えるとダケカンバの生える小さな丘を越え、沼ノ平が乗る台地に向かって斜めに登り始める。標高差100《メートル》以上ある大きな斜面だが、その頂上は沼ノ平側から見た時に半月ノ沼の向こう岸にある低い丘である。松仙園と沼ノ平にはこれだけの標高差があるというわけだ。

ダケカンバにミネカエデ、ウラジロナナカマドが混じる林下には、ショウジョウバカマやツバメ

新しい道から四ノ沼を見渡す

ほぼひとまたぎの安足間川

オモト、モミジカラマツ、サンカヨウなどが生え、振り返ると歩いてきた二ノ沼方面が見える。

沢形を横切るように大きくカーブして登りつめると四ノ沼湿原である。かつては大きな岩を過ぎて四ノ沼湿原に出たが、新道はそこを避けて南側の斜面下の湿原を東進している。この斜面がまたい。雪渓の跡を追うようにエゾコザクラ、チングルマ、ミツバオウレン、ヨツバシオガマ、ハイオトギリ、そしてツガザクラ類が咲いてお花畑をつくっているのだ。秋にはエゾオヤマリンドウも多い。

湿原とハイマツ帯が混じった起伏のない木道を進み、最後に安足間川の源流部を渡ると程なく八島分岐である。出口にはゲートがあり、逆から侵入しないよう配慮されている。

松仙園の中心部、二ノ沼湿原から望む旭岳（9月下旬）

八島分岐のコース出口。こちらからは入れない

左へ進めば三十三曲《まがり》コースを経て愛山渓温泉に戻るが、天気が良ければややもったいない。沼ノ平や当麻乗越《のっこし》へ足を延ばしてみるといいだろう。健脚者であれば、さらに当麻岳、安足間岳、永山岳と周回することも可能だ。

2045m
永山岳
ながやまだけ

2200m
安足間岳
あんたろまだけ

2197m
比布岳
ぴっぷだけ

沼ノ平コースは170ジペー

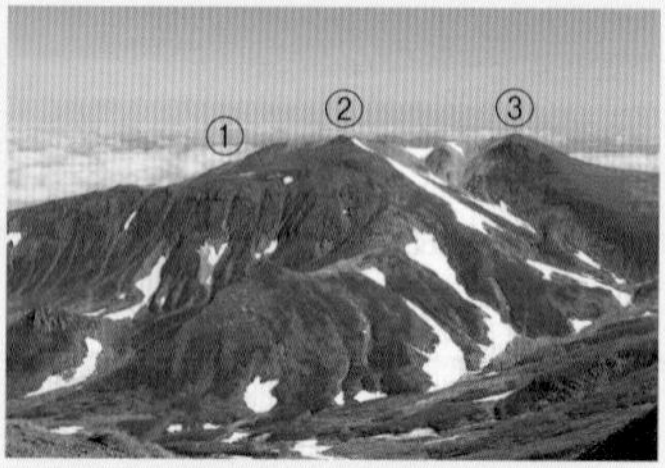

旭岳から　①永山岳、②安足間岳、③比布岳

いずれも表大雪の北端を東西に延びる稜線《りょうせん》上に連なるピークである。北斜面は崖状に切れ落ちて、層雲峡に向かう国道からもその迫力ある姿を認められる。山名は安足間岳は安足間川（ポンアンタロマ川）の水源、比布岳は山麓の地名、永山岳は地名または人名によるものだろう。

愛山渓と北鎮岳を結ぶ縦走のほか、当麻岳と組み合わせた周回登山を楽しむ人も多い。

愛山渓温泉コース

沼ノ平を背に険しい展望の尾根へ

■ コースタイム（日帰り装備）

愛山渓温泉 ―2・00↓／1・20↑― 沼ノ平分岐 ―0・10↓／0・15↑― 滝ノ上分岐 ―2・10↓／1・30↑― 永山岳 ―0・40↓／0・30↑― 安足間岳 ―0・10↓／0・10↑― 愛別岳分岐 ―0・10↓／0・10↑― 比布岳

永山岳まで
獲得標高差　約1080メートル
登り　4時間20分
下り　3時間05分

安足間岳まで
獲得標高差　約1235メートル
登り　5時間
下り　3時間35分

イズミノ沢は飛び石で渡れる

滝ノ上分岐からひと登りすると沼ノ平の半月ノ沼が見えてくる

標高 1800 m 付近。登るほどに展望が広がる

永山岳まで

体力（標高差）	45点
登山時間加算	C 5
高山度（標高）	A10
険しさ	C 3
迷いやすさ	C 3
総合点65点（中級）	

いずれも三十三曲経由

比布岳まで

獲得標高差　約1270メートル

登り　5時間20分

下り　3時間55分

※いずれも三十三曲《まがり》コース経由

■特記事項

滝ノ上分岐までは沢コース経由が早いが、通行止めのため（2020年秋現在）、三十三曲コースを経由する。なお、沢コースが従来同様に復旧した場合は、登り

安足間岳まで

体力（標高差）	50点
登山時間加算	B10
高山度（標高）	A10
険しさ	C 3
迷いやすさ	C 3
総合点75点（上級）	

比布岳まで

体力（標高差）	50点
登山時間加算	B10
高山度（標高）	A10
険しさ	C 3
迷いやすさ	C 3
総合点75点（上級）	

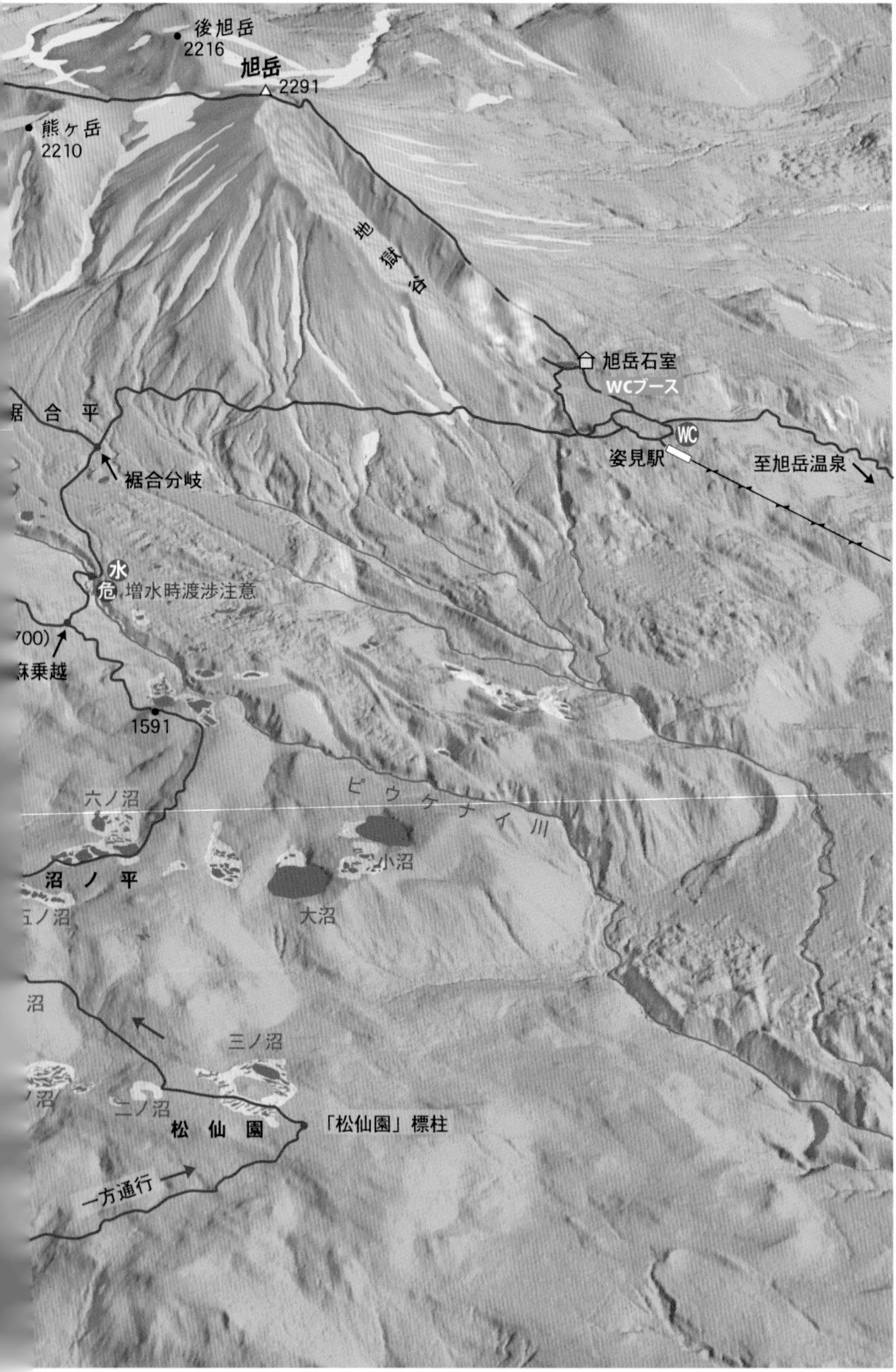

後旭岳
2216
旭岳
2291
熊ヶ岳
2210
地獄谷
旭岳石室
WCブース
WC
姿見駅
至旭岳温泉
据合平
裾合分岐
水
危
増水時渡渉注意
700)
麻乗越
1591
六ノ沼
沼ノ平
ピウケナイ川
小沼
大沼
沼
三ノ沼
ノ沼
二ノ沼
松仙園
「松仙園」標柱
一方通行

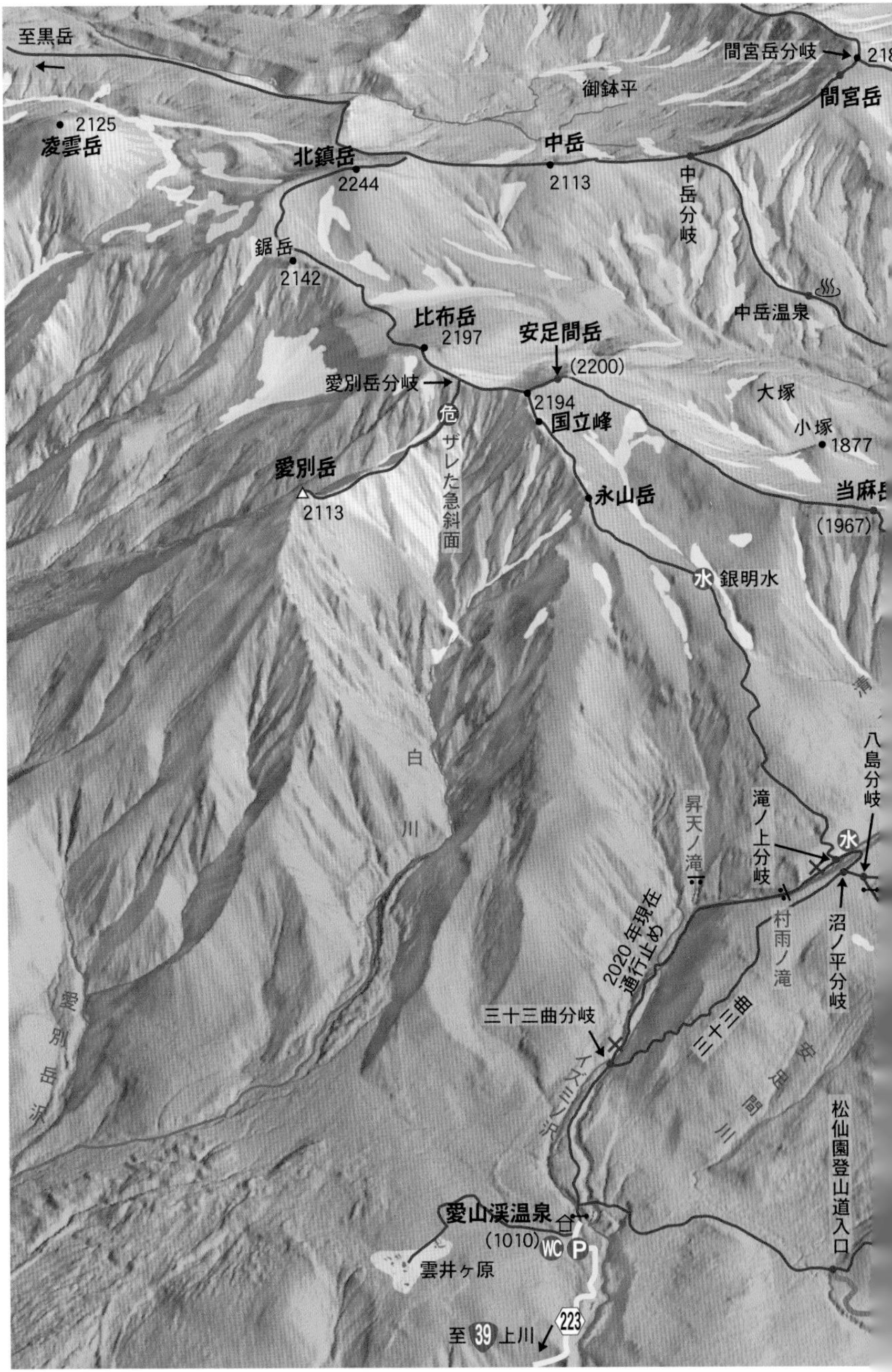
至黒岳
間宮岳分岐
御鉢平
間宮岳
2125
凌雲岳
北鎮岳
2244
中岳
2113
中岳分岐
鋸岳
2142
中岳温泉
比布岳
2197
安足間岳
(2200)
愛別岳分岐
2194
国立峰
大塚
小塚
1877
危
ザレた急斜面
愛別岳
2113
永山岳
当麻岳
(1967)
水
銀明水
白川
昇天ノ滝
八島分岐
滝ノ上分岐
水
沼ノ平分岐
村雨ノ滝
2020年現在通行止め
三十三曲分岐
三十三曲
イズミノ沢
安足間川
愛別岳沢
松仙園登山道入口
愛山渓温泉
(1010)
WC
P
雲井ヶ原
223
至39上川

荒々しく岩が積み重なった永山岳から見る愛別岳

永山岳の登りからたどってきた道を振り返る

40分、下り35分ほど短縮できる。

■**ガイド**（撮影7月15日、9月15日）

愛山渓温泉から永山岳へ

沼ノ平分岐までは「沼ノ平」（140ページ）を参照のこと。

沼ノ平分岐を左の永山岳方面に入り、急斜面を下ってイズミノ沢を渡ると滝ノ上分岐である。そこからササとダケカンバの急斜面にジグザグを切って高度を上げていく。振り返れば早くも沼ノ平が見え、この先の好展望を期待させてくれる。一方、泥斜面で滑りやすい足元は、しばらくの間辛抱だ。

やがて周囲はハイマツ帯になり、小規模ながらイワウメやウラシマツツジ、ミネズオウなどのお花畑も見られるようになる。展望はますます広がり、沼ノ平の全貌から遠く下界の町まで見渡せるほど。

コースは右寄りに進み、当麻岳との間の清水沢をのぞいた後、その支沢に近づくように登ってゆく。沢に接するところが銀明水の水場だが、秋には涸《か》れてしまう。

道は広々としたお花畑に入り、その奥に永山岳と三角形の国立峰《くにたちのみね》が望まれてくる。スケール感がつかみづらく、近いようで遠い、緩いようできつい行程だ。登るほどに傾斜が増し、殺風景なれき地にジグザグを切り始めると、永山岳まではもうひと踏ん張りである。

永山岳から目指す安足間岳を見る。手前のとがったピークは国立峰

安足間岳最高点から望む比布岳（左）と北鎮岳。色の対比が印象的

下から仰ぐとそれなりのピークに見えるが、着いてみると尾根の突端のようなところだ。しかし、ここから比布岳にかけての稜線北側は大観谷《おおのぞきだに》とも地獄谷とも呼ばれ、崖状に切れ落ちている。谷を挟んだ愛別岳の峻峰《しゅんぽう》ぶりも見事である。

安足間岳、さらに比布岳へ

稜線前方には国立峰の小ピークが目立つが地形図には記載がなく、近づくと存在感も薄くなる。むしろ目前の安足間岳に意識が移り、そのまま到達してしまうだろう。

安足間岳の最高点は稜線の分岐を南に少し入ったところだ。山頂を示すものはなく、見た目の判断となる。ただ、このわずかな移動で比布岳と北鎮岳、旭岳などの展望がぐっと開ける。足元の砂れき地にはウスユキトウヒレンやエゾノタカネヤナギなどが見え、その

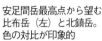

比布岳から。左奥のなだらかな山が安足間岳、岩峰は 2194 m ピーク

たくましさに感動させられよう。

ここから比布岳までは大雪山きってのやせた岩稜が続き、コースはその南側直下をたどる。踏み跡は割と明瞭だが、ザレた急斜面なので油断はできない。時折のぞき見る北側の絶壁が想像以上の迫力だ。

中間の鞍部《あんぶ》に愛別岳への分岐があり、そこを過ぎると険しさも和らいで比布岳の広い山頂に着く。周囲は相変わらずのれき地だが、チングルマやメアカンキンバイ、ヨツバシオガマなど意外と花が多い。御鉢平を囲む山々や鋸岳から北鎮岳への稜線、さらに北大雪の山々もよく見える山頂だ。

下山は往路を戻ってもよいが、安足間岳から当麻岳、沼ノ平経由の周回も楽しい。詳細は「当麻岳・安足間岳」（170ジペー）を参考にしてほしい。

旭岳、熊ヶ岳、御鉢平外輪山の連なりがよく分かる比布岳山頂

絵の具をぶちまけたような山肌の紅葉も魅力的

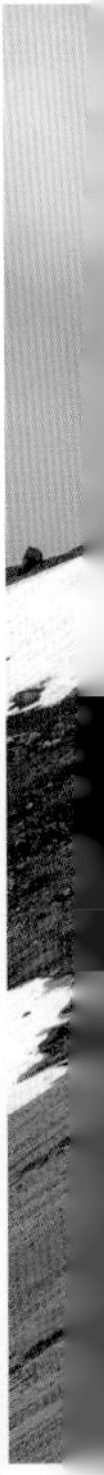

2244m

北鎮岳《ほくちんだけ》

概要、雲ノ平コースは36ページ
裾合平コースは126ページ
イラスト地図は154−155ページ

比布岳から北鎮岳を望む。眼下の平たん地が比布平

愛山渓コース

2000メートル高地の尾根歩き

■コースタイム（日帰り装備）

愛山渓温泉 ─5:20↓ 3:55↑─ 比布岳 ─1:20↓ 1:20↑─ 北鎮岳

獲得標高差　約1460メートル
登り　6時間40分
下り　5時間15分
※三十三曲コース経由

■特記事項

滝ノ上分岐までは沢コース経由が早いが、通行止めのため（2020年秋現在）、三十三曲《まがり》コースを経由す

体力（標高差）	50点
登山時間加算	B10
高山度（標高）	A10
険しさ	C3
迷いやすさ	C3
総合点75点（上級）	

比布岳東面から比布平に広がるチングルマのお花畑

ニセイカウシュッペ山を背景に

る。なお、沢コースが従来同様に復旧した場合は、登り40分、下り35分ほど短縮できる。

■ **ガイド**（撮影7月18日、25日）

比布岳までは前項を参照のこと。ここから先は健脚者でないと日帰り登山はきつく、特に愛山渓

トラバース道から見上げた鋸岳。まさに名前の通り！

濃いハイマツを分けてトラバース

比布岳東面には幾筋もの踏み跡や雨裂が

鋸岳の東側斜面も広いお花畑がある

温泉からの沢コースが使えないうちはなおさらである。半面、人は少なく、花と展望を存分に満喫できる。

比布岳から東に向かって下る。何本かの踏み跡や紛らわしい雨裂があり、視界の悪い日は注意したい。下り始めてほどなく、それまでの砂れき地がうそのような素晴らしいお花畑が広がり始める。チングルマやツガザクラ類、キバナシャ

最後は北鎮岳北側の尾根に乗り、丸みを帯びた山頂へ。ゴールまでもう少しだ

北鎮岳直下から越えてきた山々を見る

クナゲなど珍しいものではないが、背後の山々との構図が絶妙だ。

下り切った平たん地を比布平といい、さらにもう一段下がって鋸岳との鞍部《あんぶ》に立つ。そこからいったん右手に回り込み、鋸岳の尾根に取り付いたのち、その南斜面をトラバースしてゆく。結構な急斜面だが、濃いハイマツに助けられさほど恐怖心は感じないだろう。

鋸岳東側の広い鞍部に出たら、ピウケナイ沢源頭部を回り込むように大きく右にカーブし、北鎮岳から北に延びる尾根へ斜上してゆく。ここも花が多いが、ところどころ踏み跡が薄いのでよそ見をしてルートを外れないように。尾根上に出たら頂上はすぐそこだ。

振り返ればたどってきた安足間岳、比布岳、鋸岳が重なるように並び、心地よい達成感に包まれる。

2113m

愛別岳《あいべつだけ》

イラスト地図は154－155ページ

ニセイカウシュッペ山の登山道から

表大雪最北の山である。他の山から少し離れた位置にあり、その山容の厳しさも手伝ってやや独立峰的な印象を受ける。訪れる登山者も少なく、眺めて楽しむ山としての存在感が強い。

山名は麓の愛別町に由来するが、愛別はアイヌ語のアイペツ＝矢の川の意味から急流とも矢の原木が多い川とも受けとれる。

登山コースは比布岳手前の分岐から往復することになる。

愛山渓温泉コース

表大雪きっての峻峰に挑む

■コースタイム（日帰り装備）

愛山渓温泉 ―5：10↓ 3：45↑― 愛別岳分岐 ―1：00↓ 1：10↑― 愛別岳

獲得標高差　約1345メートル

登り　6時間10分

下り　4時間55分

※三十三曲コース経由

■特記事項

滝ノ上分岐までは沢コース経由が早いが、通行止めのため（2020年秋現在）、三十三曲《まがり》コースを経由す

体力（標高差）	50点
登山時間加算	B10
高山度（標高）	A10
険しさ	B6
迷いやすさ	B6
総合点80点（上級）	

愛別岳分岐から見た峻峰（しゅんぽう）愛別岳。ザレた急斜面を下り、ガレた急斜面を登る

風に飛ばされそうな分岐の標識

る。なお、沢コースが従来同様に復旧した場合は、登り40分、下り35分ほど短縮できる。

■ガイド（撮影7月18日、25日）

まず、このコースは登山道として整備されておらず、途中には危険で難度の高い部分がある。初心者の単独行や悪天時の登山は差し控えるようお願いしておきたい。

稜線から滑りやすい急斜面を下る

下り途中のいやらしい岩場。滑落と落石に注意

また前項の北鎮岳・愛山渓温泉コースと同様、健脚者でないと日帰り登山はきつい。特に滝ノ上分岐までの沢コースが使えないうちは体力と時間をよく検討した上で計画を立ててほしい。

なお、黒岳7合目から黒岳、北鎮岳経由で登ることもできる。その場合は獲得標高差は約1090メートルと有利になるが、所要時間は愛山渓温泉起点とさほど変わらない。ロープウエーの始発・最終時刻を考えると、黒岳石室に1泊するのが無難だろう。

愛山渓温泉から安足間岳と比布岳の鞍部《あんぶ》＝愛別岳分岐までは「永山岳・安足間岳・比布岳」（152ページ）を参照のこと。

簡素な分岐の標識から、かすかに認識できるジグザグの踏み跡を頼りに北斜面へと踏み出す。ザレ

下ってきた北斜面を背に吊り尾根鞍部をゆく

た火山灰の急斜面は滑りやすく、最大限の注意が必要だ。急斜面の中ほどから愛別岳へと続く吊《つ》り尾根が顕著になってくるが、その辺りで通過する2カ所ほどの岩場が特に悪い。逆層気味の岩に火山灰が乗り、万一足を滑らせたら谷底まで止まらないだろう。足元はもちろん、踏み跡がどう続いているかも確認しながら慎重に進む。

これをクリアすると最低鞍部となり、小さく起伏しながら尾根上をたどるようになる。無機質な景色の中にもメアカンキンバイやヒメイワタデなどを見つけ心が和む。

しかし、ホッとするのも束の間、すぐに岩れきに覆われたドーム状の山頂が目前に迫ってくる。概ね稜線《りょうせん》右側のハイマツ帯に踏み跡を見つけられるが、目印などはなく、的確なルートファインディン

山頂から愛山渓温泉、旭川方面を遠望

鞍部を渡り終えると山頂が迫ってくる

ゆっくり休めるスペースがある山頂

グと自己判断を求められる。周囲はハイマツに混じって、イワブクロ、クロマメノキ、イワヒゲなどが多く、コマクサやミヤマオグルマも少ないながら見ることができる。

後半は紛らわしい踏み跡もあり、また浮き石も多い。帰路も迷いやすいところなので、時々、振り返ってルートを確認するといい。

天を衝くように鋭く見えた山頂は、たどり着いてみると意外と広く、腰を下ろして休めるような岩も適度にある。他の山々から孤立した位置だけに展望は抜群だ。表大雪の迫力にあふれた北斜面、ニセイカウシュッペ山など北大雪の山、上川盆地の広がりなど、この山ならではの展望を味わいたい。

帰路も油断は禁物だ。ルートを外れぬよう、落石を起こさぬよう慎重に行動のこと。

愛別岳から永山岳（中央）越しに十勝連峰を望む

愛別岳から望む比布岳（右）と北鎮岳（左）

1967m

当麻岳《とうまだけ》

2200m

安足間岳《あんたろまだけ》

イラスト地図は154－155ページ、愛山渓温泉コースは152ページ

裾合平から。①当麻岳、②安足間岳

当麻岳は安足間岳から南西に延びる尾根上の山だが、顕著なピークがあるわけではなく、この山を目的に登ることもまずない。しかし、コース上にはお花畑が続き、裾合平を挟んだ旭岳の展望も雄大で、安足間岳への魅力あふれるコースといえる。安足間岳から永山岳へと周回登山をする人も多い。

当麻乗越《のっこし》はその尾根の末端に位置し、沼ノ平と当麻岳、そして裾合平方面の道が分岐する。

当麻乗越に立つ道標

沼ノ平コース

旭岳を眺めながら花満開の尾根を歩く

■ **コースタイム**（日帰り装備）

愛山渓温泉 —2:20↓ 1:40↑— 六ノ沼 —0:50↓ 0:40↑— 当麻乗越 —1:10↓ 0:40↑— 当麻岳 —1:10↓ 0:50↑— 安足間岳

安足間岳まで（三十三曲《まがり》経由）

獲得標高差　約1190メートル

登り　5時間30分

下り　3時間50分

■ **特記事項**

2020年秋現在、三十三曲分岐～滝ノ上分岐の沢コースは一部崩壊のため通行止め。復旧に向けて関係機関が協議中。再開までは三十三曲コースを利用のこと。

■ **ガイド**（撮影7月25日、9月15日）

コース前半は美しい池塘や湿原が点在する。当麻乗越から

紅葉の時期も見事だが、天候が崩れるとみぞれや雪になることも

安足間岳まで

体力（標高差）	45点
登山時間加算	B10
高山度（標高）	A10
険　し　さ	C 3
迷いやすさ	C 3
総合点70点（中級）	

安足間岳への一般的なルートは永山岳を経由する「愛山渓温泉コース」（152ページ）である。一方、この沼ノ平～当麻岳を経由するコースは距離があるが、コース変化と見どころにたけている。そのため永山岳経由で登り、天候や体力と相談した上で当コースを下山する人も多いようだ。ここでは登り方向でガイドする。

沼ノ平から当麻乗越へ

沼ノ平までは「沼ノ平」（140ページ）を参照のこと。

六ノ沼を過ぎ、当麻岳から延びてきた尾根の末端に取り付く。丈のあるササ斜面を電光を切って

当麻乗越を後に安足間岳方面へ向かう

神が作った（？）奇岩

姿見駅や十勝連峰もよく見える当麻乗越

登っていくと、通ってきた沼ノ平のほか、これまで見えなかった魅力的な池塘《ちとう》や湿原が姿を見せ始める。大岩が積み重なった１５９１メートルのコブはちょっとした展望台だ。

ハイマツ帯を起伏し、右手に美しい湿原を見下ろすと斜度が増して、大きな岩が林立するような当麻乗越に出る。

ここは当麻岳方面と裾合平・姿見方面との分岐点になっており、後者は１７６ページでガイドする。

当麻岳を経て安足間岳へ

当麻乗越から広く緩い尾根を登っていく。岩とハイマツが織りなす景観が石庭のような雰囲気だが、ともするとルートを見失いやすい。ペンキ印を確認しながら進もう。やがて近づいてくる急斜面は、本コース中でもっともきついところである。とはいえ、標高差

当麻岳の登りからは沼ノ平の全貌が見渡せる

当麻岳から目指す安足間岳方面を見る

は150メートルほどなので、足元の花々や眼下の沼ノ平を楽しむうちに登り切ってしまうだろう。

飛び出したところは岩稜《がんりょう》状の尾根の突端で、環境省層雲峡ビジターセンターのホームページ、及び当麻乗越の道標に記された距離に倣うとここが当麻岳である。しかし地形図に記された山名はさらに500メートルほど北東に進んだ地点

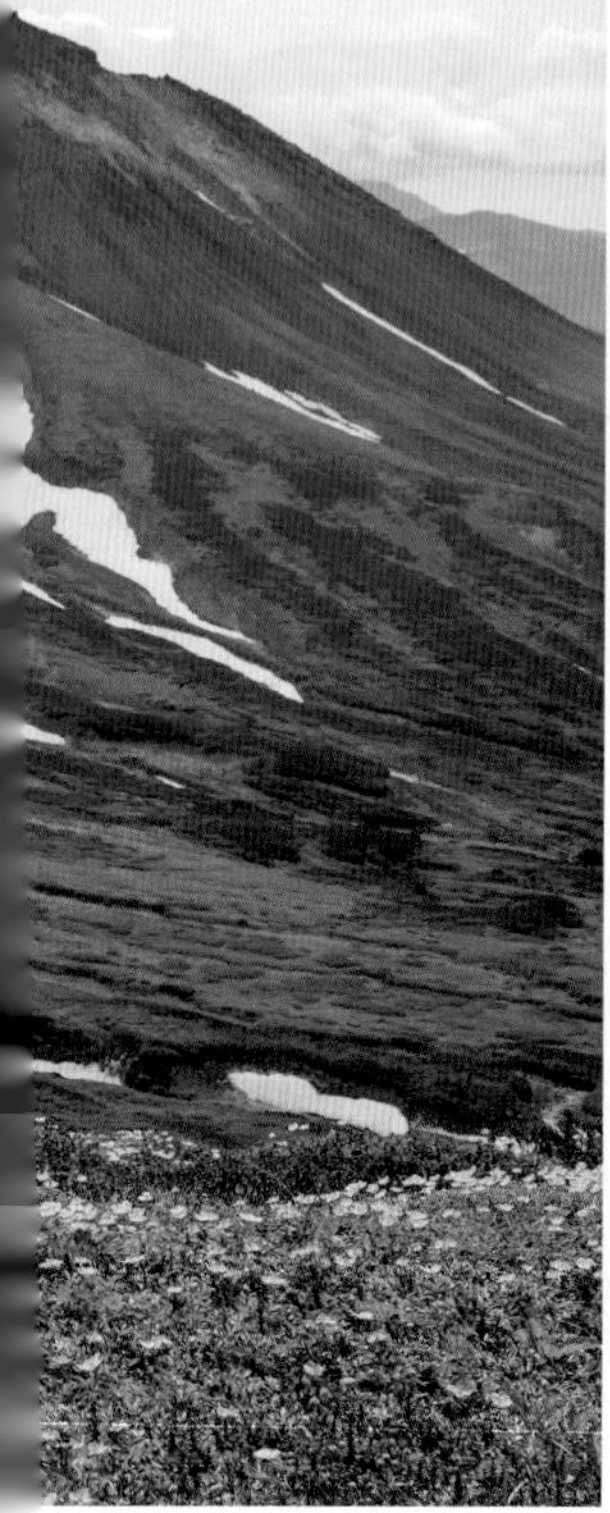

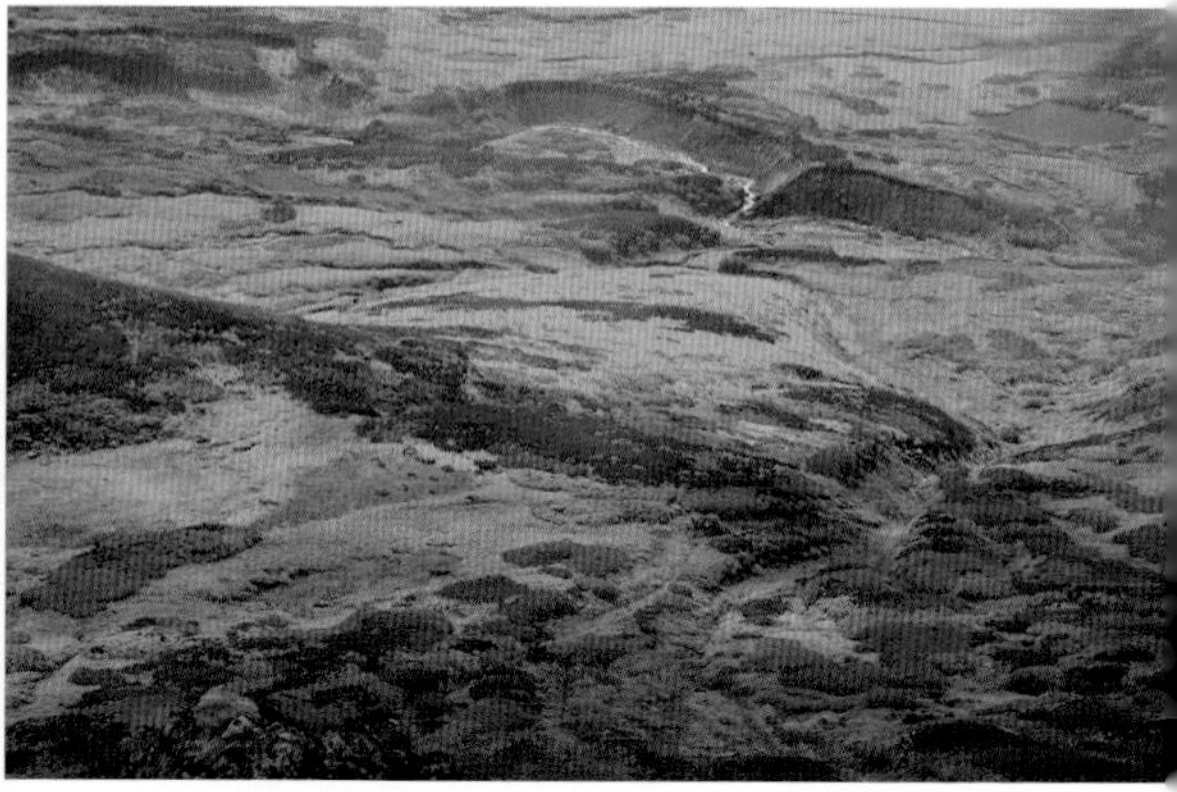

紅葉期には眼下の裾合平が錦のじゅうたんのよう

黒岳雲ノ平同様、構造土っぽい地形が見られる

だ。どちらも顕著なピークではなく、山頂を示す標識もないが、本誌では便宜上前者を当麻岳とした。

コースは細い尾根の南側直下をトラバースするように延びている。チングルマのお花畑が斜面の下の方まで広がり、その先に広大な裾合平を挟んで旭岳と熊ヶ岳が立ち上がる。この尾根から見る旭岳は緑にあふれ、大雪山の主峰にふさわしい雄大さを感じさせるものだ。

地形図上の当麻岳を過ぎた辺りから次第に尾根は広くなだらかになっていく。お花畑はさらなる広がりを見せ、チングルマやエゾノツガザクラ、エゾコザクラなどの中に、クジャクチョウやコヒオドシなどのチョウも舞う。左手には永山岳の尾根を登る人の姿が見え、時折歓声も聞こえてくる。

やがて尾根は安足間岳山頂部の

当麻岳の尾根から見る旭岳。姿見からの荒々しい山容とは対照的だ

広い斜面に吸収され、いつしかお花畑も岩れき帯となる。やや斜度の増す中、小さくジグザグを切って登ると頂稜の南端に出、左に曲がれば安足間岳である。なお、この広い斜面から山頂部にかけては視界不良時——特に下山時にルートを見失わないよう注意したい。

安足間岳に到着。下りはどのルートをとろうか

そこそこ水量のあるピウケナイ沢渡渉

当麻乗越からピウケナイ沢へ

※写真の進行方向はすべてガイド文と逆向き

湿原が点在するなか裾合分岐へ。正面の旭岳斜面には「白鳥の雪渓」が

当麻乗越から裾合分岐へ

旭岳の姿と花を楽しみつつ

■ **コースタイム**（日帰り装備）

当麻乗越 1:00↓ 1:10↑ 裾合分岐

このコースは沼ノ平方面と裾合平方面を結ぶ重要な連絡路である。当麻乗越からササとかん木の斜面をジグザグに下り、深く切れ込んだピウケナイ沢を見ながら上流方向へトラバース気味に進む。

沢に降りたらこれを渡渉するが、普段でも膝程度の水量がある。増水時は無理せず引き返そう。

左岸の台地に上がってからは、ササやハイマツ、小規模な湿原を縫うように延びるほぼ平たんな道をゆく。正面の旭岳が近づいてくると間もなく裾合分岐である。

天人峡温泉から登る山

トムラウシ山、化雲岳など

●交通

JR旭川駅からタクシーを利用。またはバスで東川町市街または東神楽町市街まで行き、そこからタクシーを利用する。**東交ハイヤー** ☎0166-82-2530（東川）、**ちどりハイヤー** ☎0166-83-2645（東神楽）

●駐車場

道道213号の天人峡トンネルを抜けてすぐ、左に公共駐車場がある。約40台（無料）。トンネル手前にも駐車場あり。

●宿泊施設

御やど　しきしま荘　☎0166-97-2141　天人峡温泉で唯一の旅館

●登山関係機関

環境省東川自然保護官事務所　☎0166-82-2527

上川中部森林管理署　☎0166-61-0206

東川町産業振興課商工観光振興室　☎0166-82-2111

1955m

化雲岳《かうんだけ》

沼ノ原コースは102ページ

忠別岳から

五色岳とともに表大雪とトムラウシ山をつなぐ位置にあり、主要な縦走路が集まる山。頂上の化雲岩は縦走のよい目印だ。山名は忠別川支流、クヮウンナイ川の水源に当たることによるのだろう。

本流の源頭に当たる北斜面は大きく切れ落ちて風格ある山容を見せる一方、他の斜面はなだらかな台地状となっている。特に南東部の化雲平は雪渓、池塘《ちとう》、お花畑に彩られ神遊びの庭とも呼ばれる。

天人峡温泉コース

針葉樹林からお花畑への長丁場

■コースタイム（縦走装備）

天人峡温泉 —（1·10↓ 0·40↑）— 滝見台 —（2·00↓ 1·30↑）— 第一公園 —（2·40↓ 1·40↑）— 小化雲岳東コル —（1·20↓ 1·00↑）— 化雲岳

天人峡温泉の登山口に立つ標識

獲得標高差　1425メートル

登り　7時間10分

下り　4時間50分

■ガイド（撮影8月18日）

日帰り装備でも往復10時間以上の行動となるため、この山だけを目指す登山者は少なく、縦走登山の途中に踏まれる運命にあるような山である。

登山口から第一公園へ

落差270m、7段からなる羽衣ノ滝。
命名は大町桂月によるといわれる

涙壁を登る。歩きやすいつづら折りが続く

大木の多い森を黙々と歩き続ける

公共駐車場前の車道を奥に進むと登山口の標識が見えてくる。右手の歩道に入ったところに登山ポストがあり、入山届を済ませたらいよいよ長い行程の始まりだ。

初っぱなから待ち構える急斜面のジグザグ道は涙壁、または三十三曲がりという。標高差３００メートル弱、コース最大の難所だ。折り返しはきっちり33回あるので、焦らず数えながら登るとしよう。

登り切ったところは化雲岳へ続く長大な尾根のほぼ末端である。ここから頂上までは水平距離約11キロに対して標高差１０００メートル強。極端なアップダウンもなく、

体力（標高差）	50点
登山時間加算	B10
高山度（標高）	A10
険しさ	C3
迷いやすさ	B6
総合点80点（上級）	

トムラウシ山
2141
水
WCブース
南沼キャンプ指定地
急な雪渓登降
危
ヒサゴのコル
至十勝連峰
三川台
至扇沼山
黄金ヶ原
（銀杏ヶ原）
化雲岳
25
ポンクワウンナイ川
クワウンナイ川
滝見台
919
涙壁
衣ノ滝
WC
623
天人峡温泉
P
WC
213
上忠別山
1122
至旭川

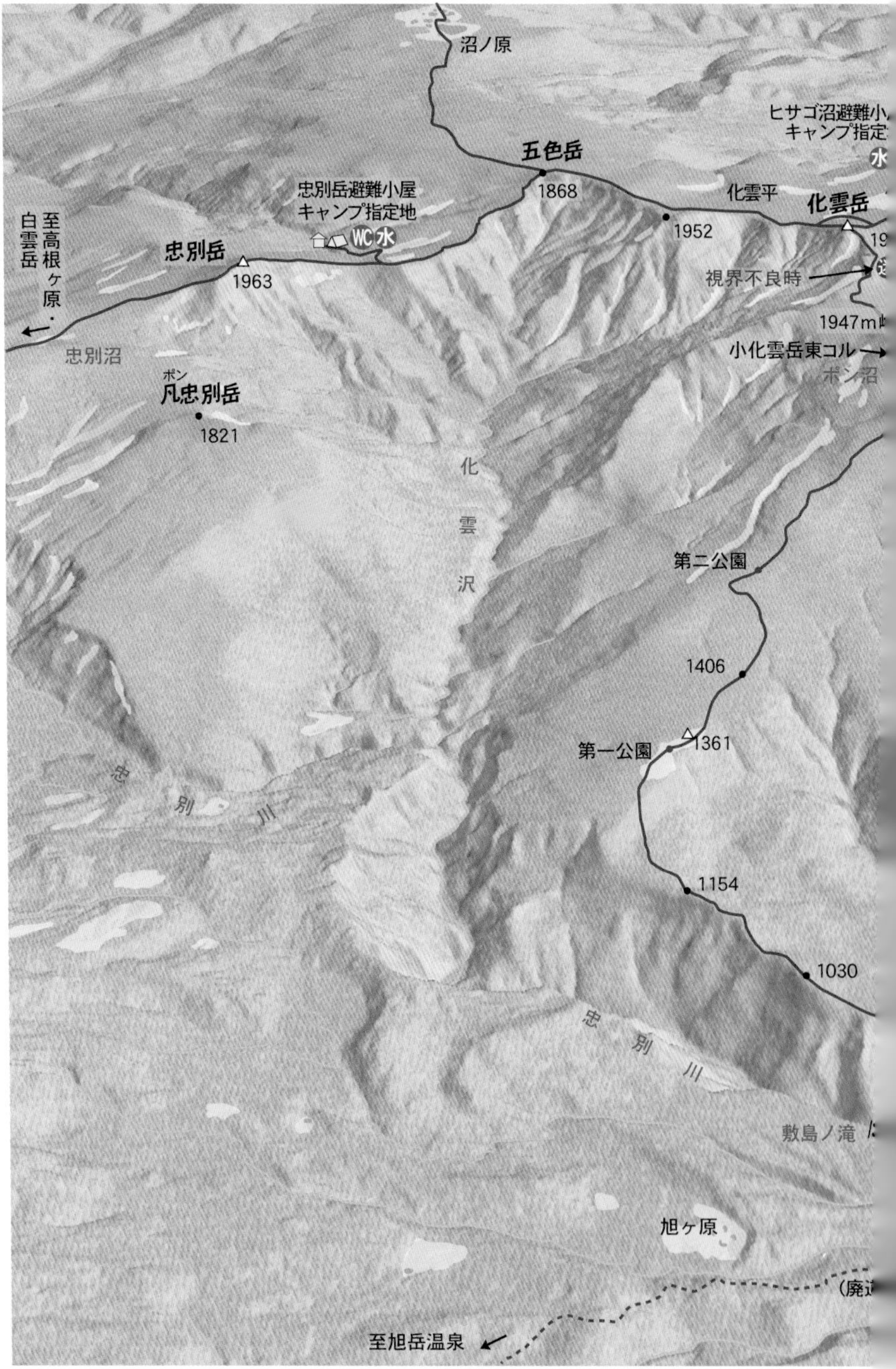
沼ノ原
ヒサゴ沼避難小
キャンプ指定
水
五色岳
1868
忠別岳避難小屋
キャンプ指定地
WC
水
化雲平
化雲岳
1952
至高根ヶ原・白雲岳
忠別岳
1963
視界不良時
1947m
忠別沼
小化雲岳東コル
ポシ沼
凡《ポン》忠別岳
1821
化雲沢
第二公園
1406
第一公園
1361
忠別川
1154
1030
忠別川
敷島ノ滝
旭ヶ原
（廃
至旭岳温泉

第一公園はごく緩い斜面に形成された高層湿原

ハイマツの斜面を小化雲岳へ

ぐちゃぐちゃのぬかるみ道が続く

全体としてはダラ登りの連続だ。

針葉樹林の中を緩やかに登っていくと、やがて羽衣ノ滝の全貌を正面から望める滝見台に着く。二つの沢が途中で合流して落ちる道内最大の滝である。

道は針葉樹林の中を延々東へと続く。見応えあるアカエゾマツが多く味わい深い森といえるが、単調さは否めない。体力よりも気力的な疲れが増してくるころ、家ほどもある巨岩が現れ、続いて小さくジグザグを切る急登となって一気に標高1300メートルの台地に出る。

ここは第一公園と呼ぶ湿原で、木道の両側にワタスゲ、イワイチョウ、エゾカンゾウ、タチギボウシ、エゾオヤマリンドウなどが迎えてくれる。湿原を囲むアカエゾマツ越しに見る旭岳の姿も、ここならではのものだ。

お花畑に囲まれたポン沼。前方には 1947 m 峰が

1947 m 峰付近から見る表大雪。旭岳（左）から白雲岳まで一望

小化雲岳を背に1947 m 峰を登る

山頂の化雲岩が見えてきた

小化雲岳、そして化雲岳へ

　コースは南に進路を変え、快適だった木道歩きから、水たまり、ぬかるみ、そしてハイマツの根がはびこる悪路となる。ペースが上がらず、転倒や捻挫にも注意が必要だ。地形図に記された第二公園は乾燥化が進む湿原といった感じで、「公園」感に乏しいまま通過してしまうかもしれない。

　ぬかるみ地帯から解放されると今度は丈の高いハイマツ帯となりさらに斜度も増してくる。コース中盤の頑張りどころといえる。

　やがて構造土のようなしま状のお花畑が広がり始め、正面に小《ポン》化雲岳が近づいてくる。道は山頂手前で左に曲がり、イワイチョウの草原が広がる北東斜面を巻いていく。お花畑に囲まれたポン沼（ポンは「小さい」の意味）をかすめ、

化雲岳手前から重厚感あふれるトムラウシ山を見る

広々とした尾根上をたどって岩が累積した１９４７メートル峰に立つ。

すると、ここでようやく化雲岳——チョンと飛び出た化雲岩と対面できる。まだ遠く見えるがもう標高差はほとんどない。広がる展望とお花畑に心を躍らせながらのファイナルステージである。

ただ、ガスなどで視界が悪いとルートが分かりづらい。特に山頂付近は左手が崖となって忠別川に落ち込んでいる。進路を誤らぬよう慎重に判断して進もう。

なだらかな山頂だが大雪山の「へそ」と呼ばれるだけに展望は素晴らしい。忠別川源流域を前景に連なる忠別岳や表大雪。振り返れば、かの深田久弥も目がくぎ付けになったという堂々たるトムラウシ山。さらに十勝連峰や東大雪と３６０度見渡せる。

化雲岳〜ヒサゴ沼間は化雲平と呼ばれ展望と花が楽しめる

ヒサゴ沼避難小屋へ

■ コースタイム（縦走装備）

化雲岳 →0・30 ←0・20 ヒサゴのコル

化雲岳 0・40↓ 1・00↑ ヒサゴ沼

ヒサゴ沼 0・30→ 0・40← ヒサゴのコル

お花畑の中をヒサゴ沼へ

化雲岳からヒサゴ沼へは、直接下る道とトムラウシ山寄りのヒサゴのコル経由の2ルートがある。

前者は頂上から南に下り、五色岳への道を左に分けた先の三差路を左に入る。東大雪の山々を遠く見ながら広いお花畑の中――時期によっては雪渓上を下っていくと最後に低木帯となり、ヒサゴ沼のほとりに出る。左に進めばすぐに避難小屋とキャンプ指定地がある。

後者は三差路を右に取り（直進し）、緩い丘かられき地の急斜面をヒサゴのコルへ下る。コルを左折したら岩が積み重なった谷地形を南東に下る。後半は遅い時期まで沼に向かって急な雪渓が残り、登り下りともに雪が硬いときは要注意。軽アイゼンなどの滑り止めが欲しいところだ。沼に降りたら左折して避難小屋へ。

ヒサゴのコルからの下り道から。左奥に小屋が見える

ヒサゴ沼避難小屋

1982年にヒサゴ沼の北岸に建てられた2階建て避難小屋。管理人はいない。2019年に外装が修繕された。いずれの登山口からも遠く存在価値は大きい。ただし、原則はキャンプ指定地でのテント泊とし、小屋は緊急時のみ使用可。水は登山道付近を流れる雪渓からの雪解け水が利用できる（沼の水は飲用不適）。

▶収容人員：30人
▶通年開放、無料
▶管理・問い合わせ先＝十勝総合振興局環境生活課☎0155-26-9028

ヒサゴ沼キャンプ指定地

避難小屋の前、ヒサゴ沼のほとりにある。水場、トイレは避難小屋と共通。シーズン中は混雑することも多いが、規制ロープの外に設営しないこと。

▶設営数：約30張り、無料
▶管理・問い合わせ先＝同上

クヮウンナイ川遡行

この夏山ガイドシリーズでは登山道のみを紹介しているが、「日本一美しい沢」との評価もあるようなので、例外として概要を紹介してみよう。なお、森林管理署では条件付きで入渓を許可している。

本流、忠別川との出合は天人峡温泉の約1キロ下流で、右岸沿いの林道を使いポンクヮウンナイ川との出合まで行き、そこから沢の遡《そ》行《こう》を始める。

1キロ以上続く滑滝《なめたき》

標高980メートルの大きな二股までは淡々とした沢で、両岸にはかなり顕著な踏み跡がある。二股近くなると、小型のオショロコマが足元から逃げ出す姿が見られる。

二股を右に採って程なく圧倒的な迫力を持って行く手を阻むのが魚止ノ滝だ。ここで核心部「滝ノ瀬十三丁」遡行の幕が切って落と

滝ノ瀬十三丁の前半部。右手から滝が落ち込む

滝ノ瀬十三丁の入り口、魚止ノ滝

黄葉が映える秋の滑滝

されるのである。滑らかな一枚岩の上を、水流が光の粒となって、川幅いっぱいに走る走る。

やがて右から落ち込む滝を見、この桃源郷ともいえる光景は、オーバーハングの滝まで続く。技術的に難しい沢ではないが、遭難死亡事故の大半はこの核心部で起きている。油断大敵、ここで足を滑らせたら止めることはできない。また、増水時の遡行は不可能だ。

核心部を過ぎると普通の沢に戻る。右手に黄金ヶ原からの支流を分けると迷う心配はない。源頭のお花畑を経て天沼、日本庭園付近の縦走路に出る。

入山の詳細については上川中部森林管理署のホームページ「クワウンナイ川入渓の取り扱いについて」を参照。または☎0166-61-0206へ問い合わせを。

2141m

トムラウシ山《やま》

トムラウシ温泉コースは204ページ

五色岳から

大雪山と十勝連峰のほぼ中間に位置する（明確な定義はないが、「表大雪」に含む一方、「大雪山」には含まないことが多い）。周囲に山上湖を巡らした重量感あふれる山容は、表大雪の盟主と呼ぶにふさわしいものだ。山名はトムラウシ川の源流にあることによるが、意味は諸説あるようだ。

本来はじっくり縦走して楽しみたいが、南東山麓のトムラウシ温泉から日帰りする人も多い。

ヒサゴ沼コース

岩、水、高山植物…天上の楽園へ

■**コースタイム**（縦走装備）

ヒサゴ沼 ─0・40↓ 0・30↑─ ヒサゴのコル ─0・30↓ 0・30↑─ 天沼《あまぬま》 ─1・30↓ 1・10↑─ 北沼 ─0・20↓ 0・15↑─ トムラウシ山

獲得標高差　約530メートル

登り　3時間

下り　2時間25分

■**ガイド**（撮影7月29日ほか）

一般登山者にとって、このコースを日帰りで歩くことは考えられないので、前夜はヒサゴ沼に泊まったこととしてガイドする。なお、忠別岳避難小屋泊とすること

ヒサゴのコルへは奥の雪渓を登る

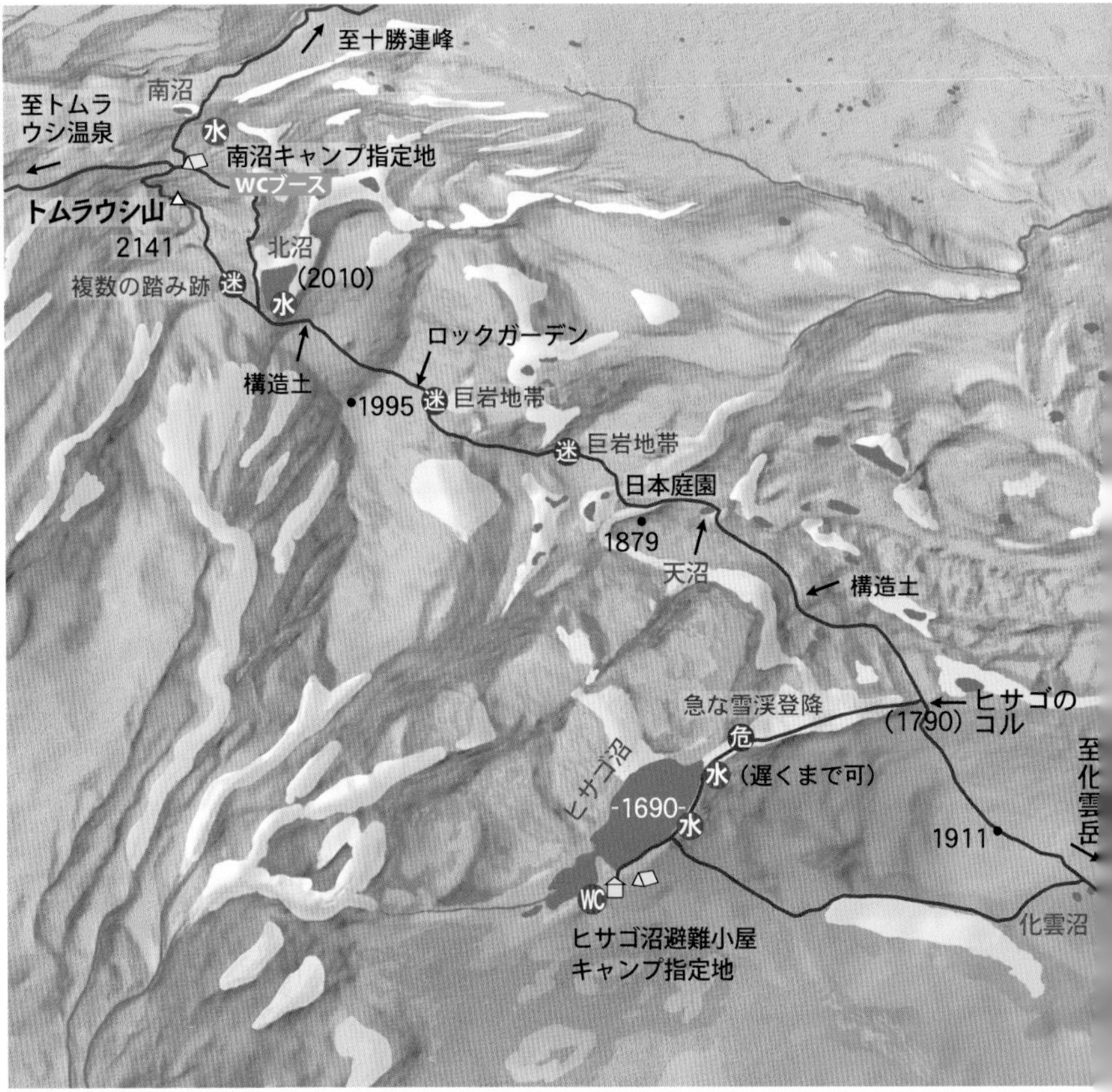

もでき、その場合は登り2時間弱、下り1時間40分ほど余計に見ておく必要がある。

ヒサゴ沼を後に

ヒサゴ沼避難小屋から縦走路へは沼の西岸からヒサゴのコルに上がるのが早い。しかし、ここは遅い時期まで急な雪渓が残り、朝夕など硬いときは滑落の危険がある。軽アイゼンなどを携行する、あるいは多少遠回りでも化雲岳側の道を

天人峡から

体力（標高差）	55点
登山時間加算	A15
高山度（標高）	A10
険　し　さ	C3
迷いやすさ	A10
総合点95点（上級）	

沼ノ原から

体力（標高差）	50点
登山時間加算	A15
高山度（標高）	A10
険　し　さ	C3
迷いやすさ	B6
総合点85点（上級）	

構造土。凍結によるひび割れや凍上などを繰り返してできる

縦走路との合流点、ヒサゴのコル

ヒサゴ沼は大雪山系最大級の湖沼

経由するなどの対策も考えよう。

登るに従い斜度が緩んで雪渓が消え、沢地形の底に積み重なった岩を跳ぶようにゆく。やがて縦走路との合流点、ヒサゴのコルに出たらこれを左折する。

コルから一段上がると、起伏する台地上にハイマツとお花畑、奇岩の塊をまき散らしたような景色

が展開する。間を縫うように木道が設置され、その上を足取りも軽く歩いていく。
右手には雪渓が沈み込んだ神秘的な池や砂れきの窪地に構造土の幾何学的模様が見られ、左手眼下には前夜の宿泊地であるヒサゴ沼が望まれる。その先遠くに連なっ

穂となったチングルマとエゾカンゾウ

ロックガーデン周辺は地形が複雑。目印をよく見て

ているのは石狩連峰の山々だ。

日本庭園&ロックガーデン

景色を楽しみながら進んでいくと、こぢんまりとした天沼のほとりに出る。ここから先しばらくは日本庭園と呼ばれ、岩と水、そして高山植物が織りなす別天地となる。特に岩を覆い尽くすように咲き乱れるチングルマの群生は素晴らしいのひと言だ。花の見頃は例年7月上〜中旬だが、その後の綿毛となった光景もいいものだ。

コースはやがて一面大岩で埋め尽くされた巨岩帯に入る。先ほどのヒサゴのコル手前の景色にも似ており、やはり飛び石のようにバランスよく進む。この辺りから北沼手前の台地に上がるまでは、こうした巨岩帯と庭園風景が交互に現れ、進むほどに複雑な地形となってくる。晴れていればコース

ロックガーデンの登り。ピンクのラインがルート

トムラウシ山の山頂部が見えてきた！

変化に富んだ歓声続きの行程といえるが、視界不良時は非常に迷いやすくもある。ペンキ印や岩に残された歩行の跡を見落とさぬよう慎重に行動しよう。

段階的に高度を上げた先で行き当たるのが、ロックガーデンと呼ばれるひときわ急で大きな巨岩の斜面だ。標高差は100メートル余り。ここも迷いやすいところだが、斜面下部で右に斜上しながら進んだのち、1995メートル標高点の西の緩い鞍部《あんぶ》に向かって直上する。運が良ければエゾナキウサギの姿も見られるかもしれない。

大展望の待つ頂上へ

斜度が緩むと前方に大きくなだらかな丘が現れ、その奥になにやら不気味な存在感の岩山が頭の先だけをのぞかせるようになる。そう、これがトムラウシ山である。

北沼を前に堂々とした山容のトムラウシ山。山頂へは幾筋もの踏み跡がある

静かにたたずむ北沼。周囲にはお花畑が広がる

近づくと傾斜の関係でいったん姿を消すが、丘の上に到達した瞬間、青く輝く北沼とともに圧倒的な重量感でその全貌があらわになる。最後の登りを前にしばし眺め入ってしまうところだ。

コースは北沼東端で二手に分かれる。右は沼のほとりからトムラウシ山の裾を巻き、南沼キャンプ指定地に至る。左は斜面を斜めに横切りながら高度を上げ、直接頂上に向かう。後者をたどるほうが早いが、何本も紛らわしい踏み跡が延びているので惑わされないように。特に逆コースでここを下る場合は要注意だ。悪天時やルートファインディングに自信がなければ前者の道をとり、南沼から登り返したほうが安心である。

頂上は古い火口と思われる大きな凹みを囲んでいくつかのピーク

トムラウシ山頂上から北方向を振り返る。大雪山系の"オヘソ"ならではの大展望だ。手前の沼は北沼

があり、意外と地形は複雑だ。遠望すると「王冠」のように見えるのもうなずける。

眺望は想像に余りあるほどで、遠い山々の展望はもちろん、周囲に散りばめられた数々の池塘《ちとう》はこの山ならではのプレゼントといえよう。

真新しい山頂標柱が待っています

1615m 扇沼山《おうぎぬまやま》

約1780m 三川台《さんせんだい》

トムラウシ山〜オプタテシケ山縦走路から

かつてトムラウシ山〜オプタテシケ山縦走路上の三川台から硫黄沼（別名扇沼）を経由し、白金温泉に至る歩道があった。その硫黄沼に下る前に踏まれていたのが扇沼山だ。ルートは廃道化したが、その後、美瑛町俵真布方面の林道から遭難救助用の避難路が刈り払いされ、扇沼山、三川台への旧道と結んで整備された。縦走路上から美瑛側へのエスケープルートとしても重要な位置付けと言える。

上俵真布林道コース

復旧が待たれるエスケープルート

■特記事項

２０１６年夏の台風などにより、登山口へ通じる上俵真布《かみたわらまっぷ》林道が決壊、通行止めが続いている。復旧時期は未定。また、登山道の整備も行われておらず、現況は不明である。林道に関する問い合わせは上川中部森林管理署（☎０１６６−６１−０２０６）まで。

なお、以下のガイドは２０１６年以前の取材を基にしたものである。今後、林道が復旧、開通した場合でも、状況が大きく変わっている可能性があることを念頭に読んでいただきたい。

■交通

美瑛市街から美瑛ハイヤー（☎０１６６−９２−１１８１）、東川方面からは東交ハイヤー（☎０１６６−８２−２５３０）が利用できる。

■マイカー情報

旭川、東川方面からは旭岳温泉や天人峡温泉に至る道道１１６０号を東神楽町志比内の信号で右折。丘を越えて美瑛町朗根内《ろうねない》で左

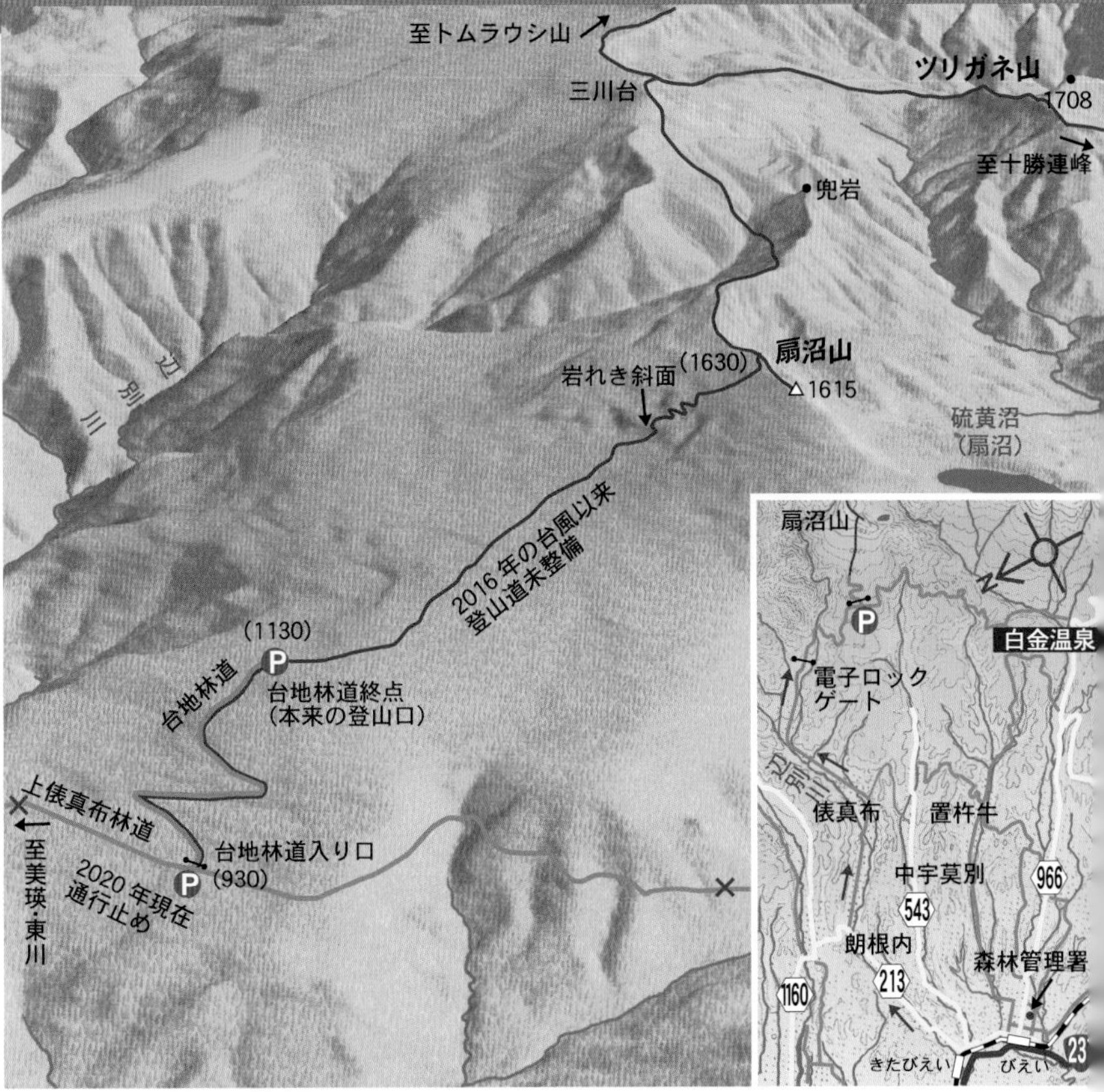

広い駐車場がある台地林道入り口

折し、俵真布を経由して辺別《べべつ》川沿いの林道へ入る。美瑛町方面からは道道213号を走り、朗根内で前述の道と合流する。

林道は途中にゲートがある。入林許可や施錠状況については上川中部森林管理署まで問い合わせを。

ゲートを後にして2キロほどで辺

ぬかるみには歩み板が敷かれている

まず荒れた台地林道歩きで登山が始まる

三川台まで

体力（標高差）	40点
登山時間加算	C 5
高山度（標高）	A10
険　し　さ	C 3
迷いやすさ	C 3
総合点60点（中級）	

扇沼山まで

体力（標高差）	40点
登山時間加算	D 0
高山度（標高）	A10
険　し　さ	C 3
迷いやすさ	C 3
総合点55点（中級）	

別川沿いの林道と別れ、右手の尾根上から白金温泉に向かう上俵真布林道に入る。傾斜が緩くなるとやがて左手に台地林道入り口のゲートがある。最初のゲートから約7キロ地点である。台地林道は荒廃して通行できないため、車はここまで。ゲート前に広い駐車場が用意されている。

■コースタイム（一部縦走装備）

台地林道入り口（0:50↓ 0:40↑）台地林道終点（1:10↓ 0:50↑）岩れき斜面（0:25↓ 0:20↑）扇沼山（2:00↓ 1:50↑）三川台

扇沼山まで獲得標高差　約700メートル
登り　2時間25分
下り　1時間50分
三川台まで獲得標高差　870メートル
登り　4時間50分
下り　4時間

■ガイド（撮影9月8、21日）

前述したように救助用の避難路として開削されたコースなので、標識は一切ない。

まずゲートを後にして大雨のため荒廃した台地林道を歩く。大きくカーブを描きながらの単調な行

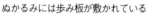

扇沼山からは、その山名の由来となった扇沼（硫黄沼）を見下ろすことができる。背景は十勝連峰

程は50分ほどで終点となり、作業道跡の歩道に移行するが、注意するとこの辺りの岩に「扇沼山→」のサインが見つかる。

　やがてコースは刈り分けられた歩道となり、一度伐採の入った傾斜の緩い針葉樹林中に延々と延びている。避難路とはいえ、ぬかるみには歩み板が敷かれ快適に歩を進めることができる。1時間ほどで大きな岩を積み上げたような斜面に行き当たる。下端には小さな流れがあり、緊急用の水場に使えそうだ。

　岩れき斜面はそう長くはないが、迷わないようにルート上にピンクテープが付けられている。登りながら注意深く岩の間をのぞく

樹林帯を抜けると眺めのよい岩れき斜面の登りとなる

扇沼山からトムラウシ山を遠望する。三川台へは手前の稜線上を進む

兜岩を背後に三川台への登り

とミヤマタネツケバナが随分生えていることが分かる。

岩れき斜面を抜けるとササ斜面となり、そこをジグザグの刈り分け道で高度を上げる。ハイマツ帯となればほどなく扇沼山の稜線《りょうせん》に躍り出る。

眼下に神秘的な水面の硫黄沼、つまり扇沼を俯瞰《ふかん》できる山頂部は平たんで、三角点は少し西寄りにある。

扇沼山から三川台へは稜線を東に向かう。高山植物帯からハイマツの稜線、そして兜岩《かぶといわ》山腹の低木帯をトラバースすれば辺別川の源流部だ。この一帯はヒグマとエゾシカの痕跡が多いところだ。小さくなった流れを渡ると急傾斜となった草斜面の登りとなり、登りきるとハイマツに覆われた台地上に出る。三川台はその一角にある。

トムラウシ温泉から登る山

トムラウシ山

●交通

JR新得駅発トムラウシ温泉行き終点下車・１日２往復、７月中旬～８月中旬の季節運行（**北海道拓殖バス**　☎0155-31-8811）

新得ハイヤー　☎0156-64-5155

●駐車場

トムラウシ温泉登山口　東大雪荘手前に公共駐車場あり。約25台

短縮コース登山口　トムラウシ温泉から林道を約８km。約40台

●宿泊施設

国民宿舎東大雪荘　☎0156-65-3021（上記バス運行期間外は宿泊者無料送迎あり）

湯宿くったり温泉　新得町字屈足546番地　☎0156-65-2141

山の交流館　とむら（東大雪荘の約22km手前　☎0156-65-2000）

●キャンプ場

トムラウシ自然休養林野営場

（東大雪荘から約500m奥。テントは持ち込み。車の乗り入れ可、有料。７月１日～９月30日開設）　**申込先**＝東大雪荘　☎0156-65-3021

●登山関係機関

十勝西部森林管理署東大雪支所　☎01564-2-2141

環境省上士幌自然保護官事務所　☎01564-2-3337

新得町産業課商工観光係　☎0156-64-0522

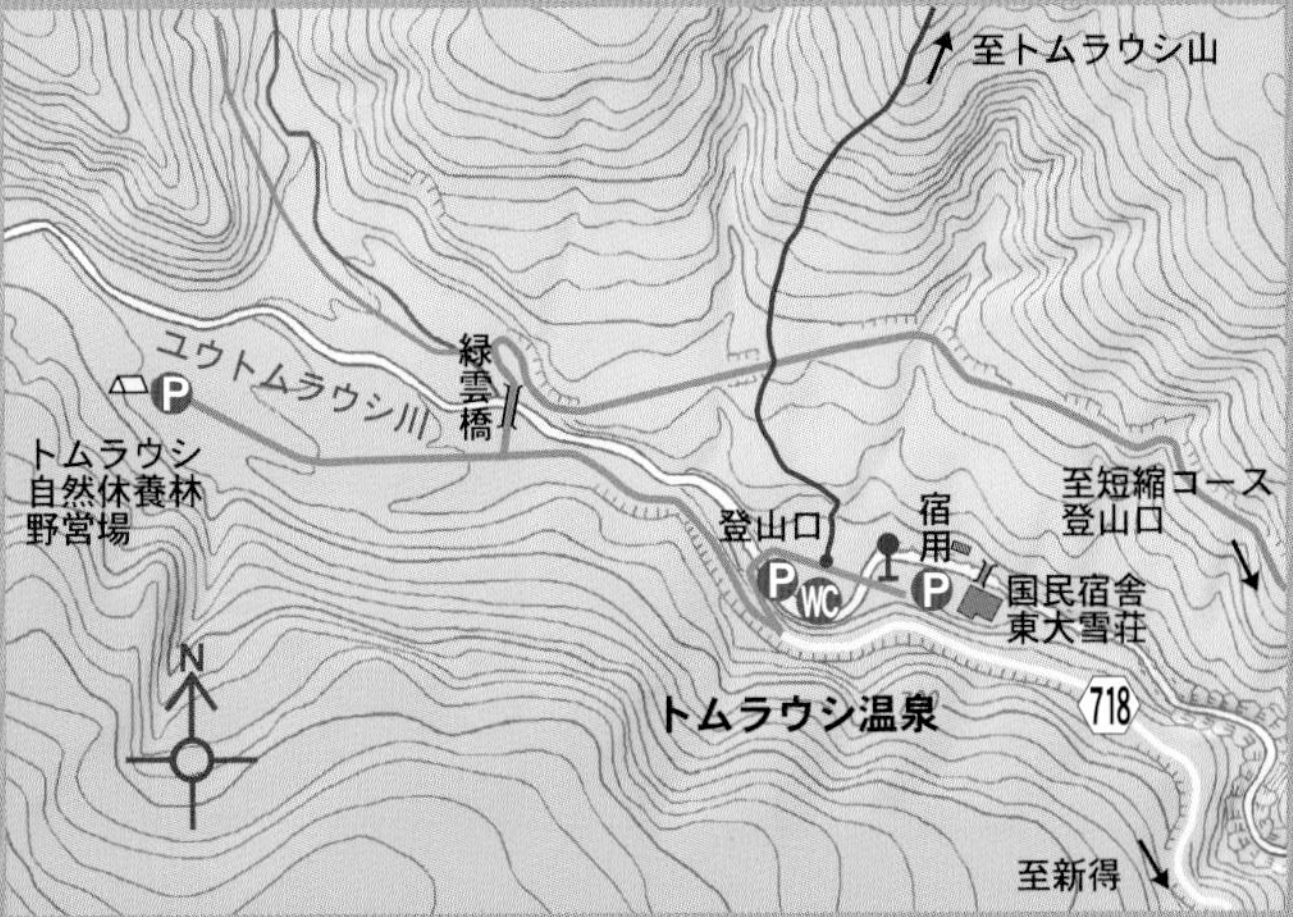

2141m

トムラウシ山《やま》

山の概要は190ページ
ヒサゴ沼コースは190ページ

トムラウシ温泉コース

トムラウシ山への最短コース

■コースタイム（日帰り装備）

トムラウシ温泉 ―1:30↓ 1:10↑― 温泉コース分岐

短縮コース登山口 ―0:25↓ 0:20↑― 分岐

短縮コース登山口 ―0:40↓ 0:30↑― カムイ天上 ―2:20↓ 2:00↑― 前トム平 ―1:30↓ 1:00↑― 南沼キャンプ指定地 ―0:30↓ 0:20↑― トムラウシ山

トムラウシ温泉から
獲得標高差　約1700メートル
登り　6時間30分
下り　5時間

短縮コース
獲得標高差　約1350メートル
登り　5時間25分
下り　4時間10分

トムラウシ公園近くのお花畑

登山口前の国民宿舎「東大雪荘」

■ガイド（撮影7月29日、8月26日ほか）

マイカーやタクシーの場合は標高約955メートルの短縮登山口まで入ることができ、ほとんどの登山者はこちらを利用する。トムラウシ温泉から短縮口までの林道は約8キロ。普通乗用車で入れるが狭くカーブも多いので慎重な運転を。

バス利用などそれ以外の場合は

トムラウシ温泉登山口。左手前が噴泉塔

急登後はダラ登りの温泉からの道

短縮コース駐車場。平日でも混雑する

短縮コースと合流する温泉コース分岐

トムラウシ温泉が起点となる。また縦走からの下山も同温泉に下る。

トムラウシ温泉から　国民宿舎「東大雪荘」の少し手前に公共駐車場とトイレがあり、その向かいが登山口だ。ちなみに登山口にある噴泉塔は世界的にも珍しい大きさだという。

歩き始めてすぐに短縮コースに至る林道を横切り、急な登りで標高差200メートルほどを稼ぐ。きつい

トムラウシ温泉から

体力(標高差)	55点
登山時間加算	B10
高山度(標高)	A10
険しさ	C3
迷いやすさ	C3
総合点80点（上級）	

短縮コース

体力(標高差)	50点
登山時間加算	B10
高山度(標高)	A10
険しさ	C3
迷いやすさ	C3
総合点75点（上級）	

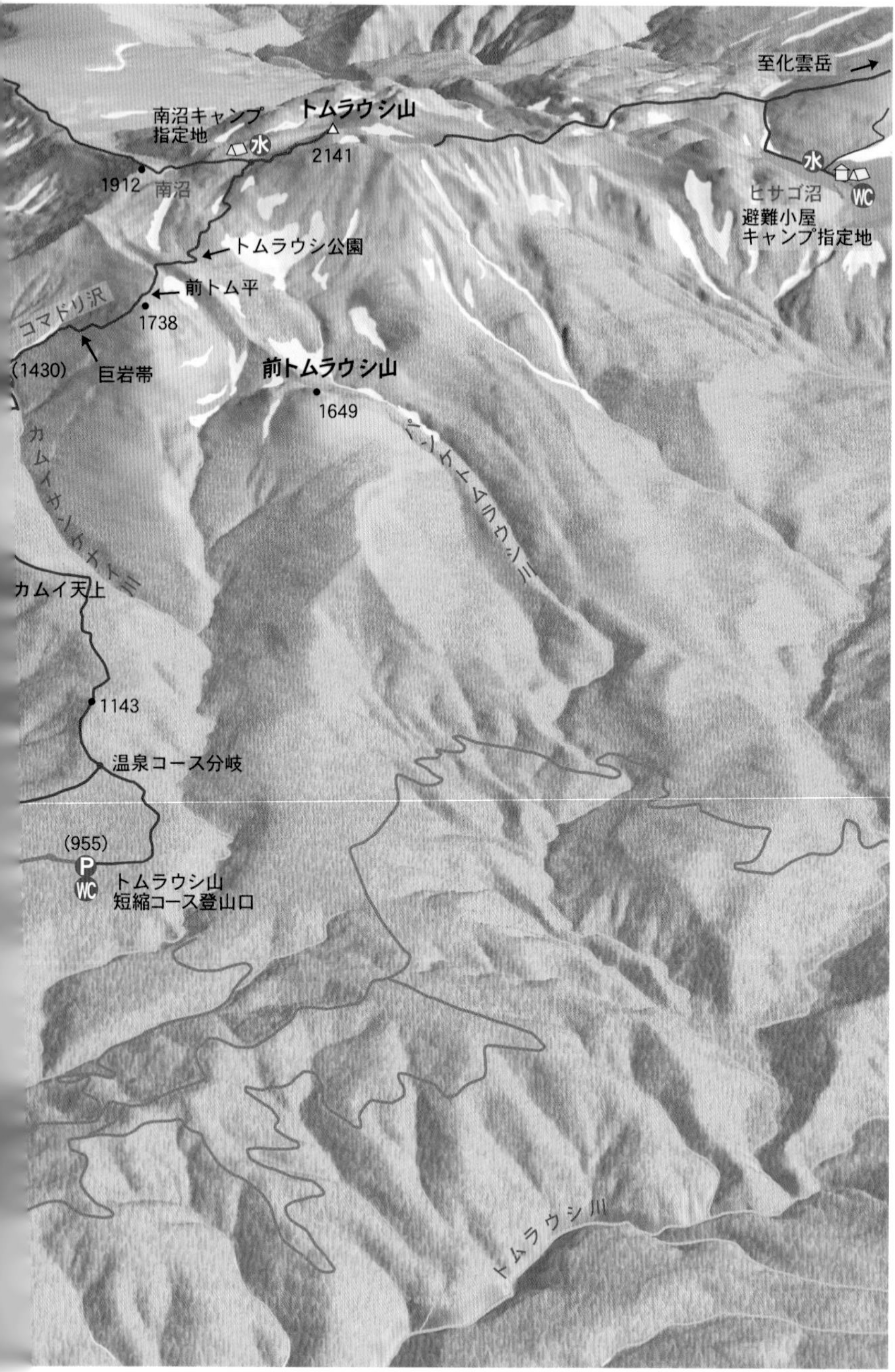

至化雲岳
トムラウシ山
2141
南沼キャンプ
指定地
水
1912
南沼
トムラウシ公園
前トム平
1738
コマドリ沢
巨岩帯
(1430)
前トムラウシ山
1649
パンケトムラウシ川
カムイサンケナイ川
水
ヒサゴ沼
WC
避難小屋
キャンプ指定地
カムイ天上
1143
温泉コース分岐
(955)
P
WC
トムラウシ山
短縮コース登山口
トムラウシ川

至扇沼山
三川台
コスマヌプリ
1591
1626
ツリガネ山
1708
ユウトムラウ
花園
至オプタテシケ山
189
コマドリ沢出
ユウトムラウシ川
947
キャンプ場
P
(645)
P WC
トムラウシ温泉
718
至新得

平たんな休憩スペースがあるカムイ天上

序盤は針葉樹林下の登りが続く

カムイ天上付近から十勝連峰を望む

ぬかるみを軽減する整備が施された道

のはここだけで、その後は広く緩やかな尾根となる。展望は利かないが、道の状態はよくペースもはかどるだろう。947メートル、1008メートル標高点の緩やかな起伏を越えれば温泉コース分岐で、短縮コース登山口からの道と合流する。

短縮コース登山口から

登山口は駐車場奥。案内板と登

コマドリ沢を登る。残雪が多い時期は滑落に注意

ロープに沿って巨岩帯をトラバース。ナキウサギの声が聞こえてくる

山ポストが設置されている。整備された道を緩く登り、程よく体が温まるころ温泉コース分岐に着く。

温泉コース分岐からコマドリ沢へ

分岐からは顕著な尾根の登りとなる。一度伐採されているので原生林とはいえないが針葉樹の森が北国らしい雰囲気だ。緩急つけながら高度を上げてゆくと、やがてカムイ天上に着く。木々の間に見え隠れするトムラウシ山と前トムラウシ山がまだずいぶん遠い。

廃道となった旧道分岐を過ぎ、広い台地状の尾根に入っていく。以前はぬかるみに閉口したところだが、整備が進んで歩きやすくなった。左前方に十勝連峰の山並みを展望し、その先で右に折れると正面にトムラウシ山が見える。

じわじわと積み重ねてきた高度だが、ごく小さなお花畑を過ぎた

広々とした前トム平。ひと休みしたいよね…

トムラウシ山を背に下山する縦走パーティ

ところでカムイサンケナイ川に向かっていったん大きく下ってしまう。そこから沢沿いにしばらく登ったところがコマドリ沢出合で、よい水場になっている。

天然の庭園を抜けて絶頂へ

出合から右手のコマドリ沢に入る。7月いっぱいは急な雪渓が残りがちなので、軽アイゼンなどを用意したい。岩れきとなった源頭部で右のかん木帯に入り、すぐに巨岩帯の広い斜面を横切る。以前は迷いやすかったが今はガイドロープがあるので安心だ。

そこから前トム平までの急な登りは、コース中最もつらいところかもしれない。それでも、巨岩帯付近で森林限界は越えている。広がる展望に元気をもらいながら一歩ずつ登っていこう。

登り切った前トム平はひと休み

岩と池塘（ちとう）の間に高山植物が咲くトムラウシ公園

したくなる広い尾根。しかし、少し先のケルンの尾根まで行けば東大雪の山並みがより広がる。さらにもう一つ先の尾根まで頑張れば、コース上きってのハイライト、トムラウシ公園とトムラウシ山を一望する高台だ。岩と水と雪渓が

紅葉の季節もまた美しい

トムラウシ公園付近から見るトムラウシ山。目前に迫ってきた

絶妙に配された箱庭のような景色は、登ってきたかいがあったなぁとしみじみ思わせるものだ。

岩場を縫うように下り、トムラウシ公園の中を抜けて再び登り返す。右には山頂部が大きく迫り、道はその裾に沿うように進む。左はトムラウシ公園の余韻が残る奇岩と花の庭園風景が続いている。

やがてその山頂部の斜面に人影を見るようになると南沼キャンプ指定地である。ここは表大雪と十勝連峰を結ぶ縦走路が通過しており、トムラウシ山はその手前の分岐を右に入る。

最後の最後に急な岩れき帯の登りが待っているが、ここまでの行程を考えれば残りはもうわずかである。ひときわ急な斜面を詰めれば、ついに待望の山頂だ。

その瞬間、それまで見えなかっ

南沼キャンプ指定地までも花と岩の織り成す景色が続く

山頂と十勝連峰への分岐標識

山頂に向けて最後の登り

た表大雪の山々が視界に飛び込み、振り返れば十勝連峰が重なるように連なって見える。それらの遠さに改めて大雪山系の大きさを実感し、また縦走への意欲も湧いてくることだろう。

時のたつのを忘れる山頂だが帰路も長い。途中にはトムラウシ公園とカムイサンケナイ川からの登り返しも待っている。余裕を持って下山の途に就くことにしよう。

山頂手前からキャンプ指定地と南沼を見下ろす

登頂を祝福するように現れる表大雪の山々。次はあそこまで縦走だ

南沼キャンプ指定地

トムラウシ山頂の南西側に位置し、縦走路と登山道が交差する。水は近くの小沢から得るか南沼の沼水を使う（要煮沸）。トイレは携帯トイレを持参しブースで使用する。オーバーユースが懸念されるキャンプ指定地でもあり、マナーを守った利用を徹底したい。
▶設営数：20張り、無料

縦走コース

白雲岳付近からの展望。左から凌雲岳、黒岳、烏帽子岳

㊟　山中で宿泊する場合のコースタイムは、縦走装備のため、12〜13ページの表より多めに設定しています。

大きな荷物を背負っての長期縦走は大雪山登山の醍醐味（だいごみ）だ

縦走登山の注意点

■計画

整備された登山道が縦横に延びる大雪山は、1泊2日から1週間前後の長期縦走までさまざまなプランを設定でき、考えるだけでうきうきするものだ。一方、高根ヶ原やトムラウシ山からオプタテシケ山間など、奥深い山域ではエスケープルートがなく、1日では下山できないところもある。

天候悪化時やトラブル発生時に、どこから下山するか、判断をいつどの時点で下すかを計画時によく考えておきたい。必ず予備日も取っておき、停滞や計画変更に柔軟に対応できるようしておこう。

■山小屋とキャンプ指定地

山小屋は基本的にすべて無人で施設のない避難小屋である。例外的に黒岳石室だけが営業小屋で、レトルト食品などを扱う売店があるが、食事の提供や寝具の貸し出しなどはしない。また白雲岳避難小屋は利用者が多く、管理人が常駐して協力金を徴収している。

その他は管理人のいない避難小屋である。避難小屋でありながら通常の山小屋として利用する登山者が多いが、原則はテント持参で隣接するキャンプ指定地を利用するべきである。宿泊した際は、掃除、戸締まりを忘れぬよう。

キャンプ指定地もほとんどが管理人不在であり、利用は個人の常識と判断に委ねられる。設営は基本的に早いもの勝ちだが、週末や

水場は雪解け水の利用が多い

少人数テントで満員御礼の黒岳キャンプ指定地

お盆は混み合うことが多い。近年は個人テントの使用が増え、スペース不足も問題となっている。

また、巻頭の概要でも述べたが、トイレのないキャンプ指定地などでは、必ず携帯トイレを使用する。

食料と水

食事は山中泊の楽しみのひとつだが、においのきつい料理はヒグマやキタキツネを呼び寄せることにつながる。たとえ宿泊者が多いテント場でも、近くに野生動物がいるものと考えたい。できるだけテントから離れた場所で炊事や食事をし、においが移らないよう注意する。食料や生ゴミもにおいがもれないようしっかりと管理を。

ゴミを持ち帰るのは当然のことだが、そもそもゴミが出にくいメニュー、後始末が簡単なメニューにすることも大切だ。

水は残雪豊富な山だけに、8月上旬くらいまでは、水場とされているところで困ることはまずない。ただし、エキノコックスのことを考え、流水でも煮沸や浄水器を使うのが望ましい。

8月中旬を過ぎると徐々に涸《か》れる水場が出てくる。確実に得られるところを調べておき、余裕を持ってくんでいきたい。秋には沼水や水たまりさえも利用することがあるが、抵抗のある人は必要分を担いでいくことになる。

寒さ

朝晩の稜線《りょうせん》は想像以上に冷え込む。最低気温は7月8月でも一桁前半になることが珍しくなく、9月の紅葉期は氷点下もざらである。適応したシュラフのほか、ダウンや厚手のフリースなどの防寒着は必需品だ。下半身の防寒も忘れずに。

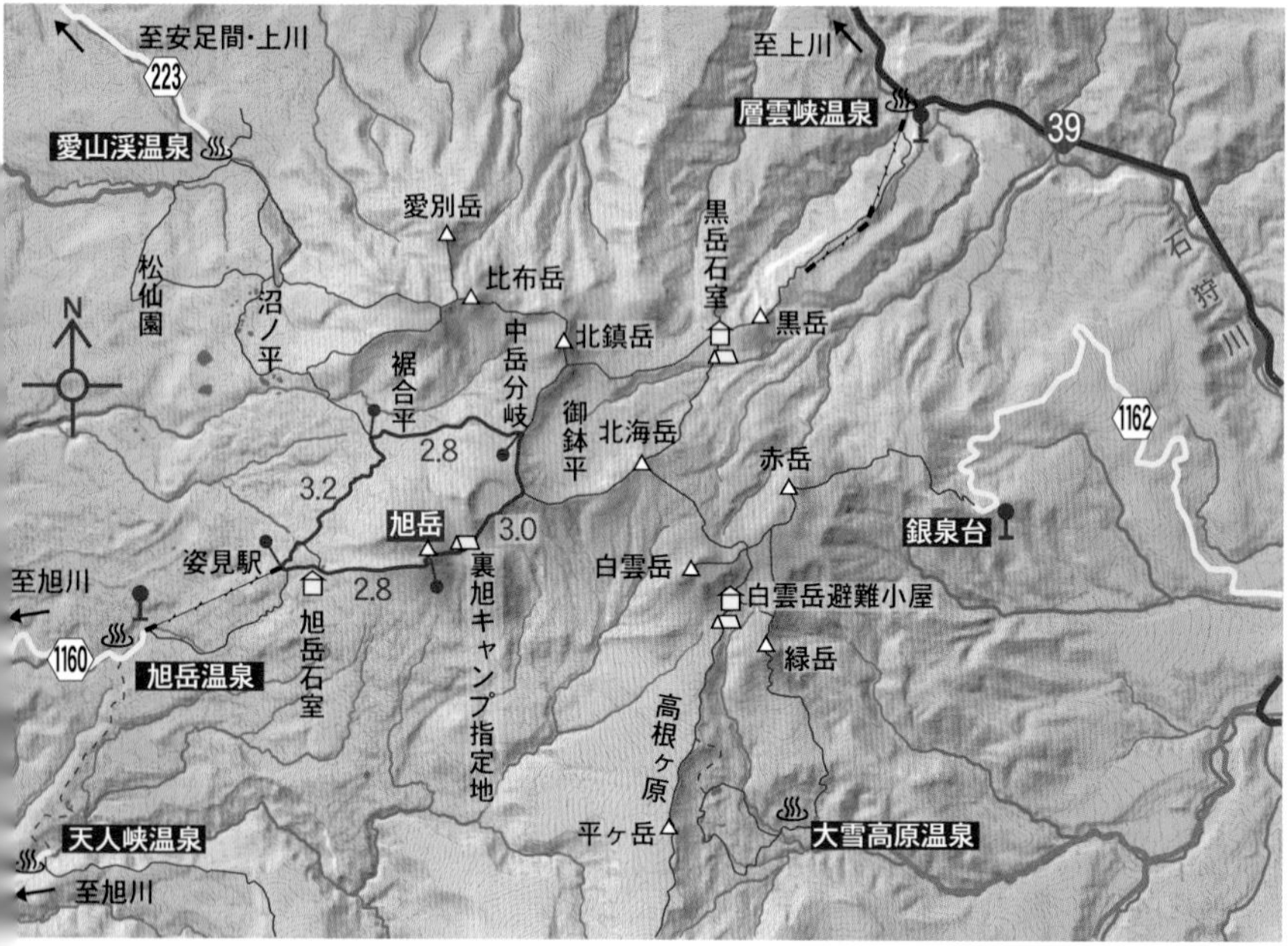

詳細なガイド記事は
姿見ノ池周辺沼めぐり（108ページ）
旭岳（114ページ）
御鉢平１周（44ページ）
北鎮岳（126ページ）

初級
日帰り

旭岳〜裾合平〜姿見

■**コースタイム**（日帰り装備）

姿見駅—2:00↓ 1:10↑—旭岳—1:30↓ 2:00↑—中岳分岐—1:10↓ 1:40↑—裾合分岐—1:50↓ 2:00↑—姿見駅

行程　6時間30分
逆コース　6時間50分

■**ガイド**（撮影7月17日）

北海道の最高峰、旭岳を目指す人は多い。しかし姿見からの往復は、ひたすら火山灰地を歩くことになり、地形的にも単調でいまひとつ味気ない。御鉢平、裾合平とめぐることでコース変化、花ともに満足度の高い一日になるだろう。

なお、周回コースにつき所要時間は逆コースも大して変わらない

旭岳８合目付近からトムラウシ山（左）と十勝連峰（右）を望む

旭岳の裏側（東面）は砂れきと雪渓の急斜面

が、旭岳までがあまりに長くなり、気分的なメリハリに欠けると思う。また天候が思わしくないとき、最後に旭岳を越えるのはリスキーだ。先に登頂という目的を果たし、その後下り基調のなかでプラスアルファを楽しむのがおすすめだ。

旭岳まで

比較的時間に余裕のあるコースだが、途中に見どころが多いので、早いロープウエーに乗るにこしたことはない。

姿見駅を出発するとすぐにお花畑が展開する。旭岳の登山道に入るとしばらくは花が寂しいので、しっかり楽しんでいこう。

姿見ノ池で観光客らと別れたら、頂上近くまでほぼ一本調子の砂れきの道となる。晴天時は特に問題ないが、悪天時は無理せず登山の中止も検討したい。旭岳から先も行程は長く、引き返すにしても山頂を登り返すのは大変だ。ガスが出ると道に迷う危険もある。

中岳分岐へ

旭岳から熊ヶ岳への下りは滑りやすい砂れき、及び雪渓の急斜面。視界不良時は方向も分かりにくいので慎重に行動したい。

鞍部《あんぶ》の裏旭キャンプ指定地を過ぎると、チングルマやエゾタカネ

裾合平方面の展望。中岳分岐からの下りにて

色とりどりの花が咲く裾合平

スミレなど花が増えてくる。さらに、間宮岳から中岳分岐にかけてはメアカンキンバイ、コマクサ、イワウメなども。御鉢平は中岳分岐近くまで下るとよく見える。

中岳温泉&裾合平

当コースならではのお楽しみスポットが待つ区間である。中岳温泉はいわゆる野湯《やとう》で、濃い源泉は下山後も体から香りが漂うほど。人目が多いため、大半の人は足湯を楽しんでいくが、チャンスがあれば入浴してみたい。

その先の裾合平は一面のチングルマで有名だ。ピークのコンディションに巡り合うのはなかなか難しいが、時期がずれても花は多く、周囲の山々の景観も見事だ。

木道上はスペースが限られるので、休憩は少し先の裾合分岐のベンチを利用しよう。

姿見へ

裾合分岐から姿見までは旭岳の山裾を巻くトラバース道。山肌の雪渓模様や随所にお花畑があり、最後まで楽しい気分が続く。

姿見からはロープウエーで簡単に下れるが、余裕があれば登山道を下るのもいい。天女ヶ原の静かな湿原が待っている。

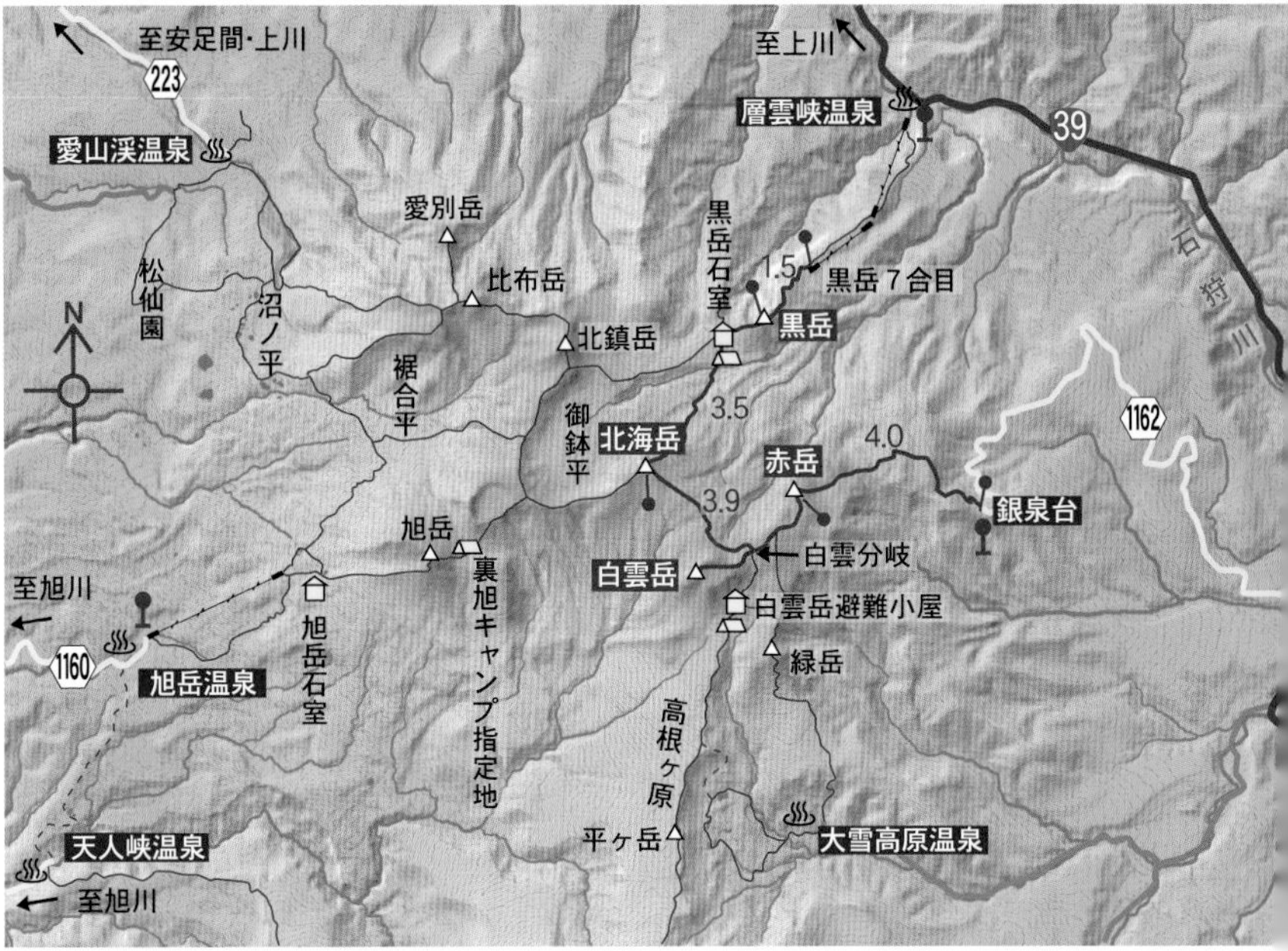

初級

日帰り

赤岳～白雲岳～黒岳

詳細なガイド記事は

赤岳（54ページ）
白雲岳（62ページ）
御鉢平１周、北海岳から白雲分岐（44ページ）
黒岳（22ページ）

■コースタイム（日帰り装備）

銀泉台 2・20↓ 1・40↑ 赤岳 0・40↓ 0・35↑ 白雲分岐 0・40↓ 0・30↑ 白雲岳 0・30↓ 0・40↑ 白雲分岐 1・10↓ 1・10↑ 北海岳 1・35↓ 2・00↑ 黒岳 0・50↓ 1・20↑ 黒岳７合目

行程　７時間45分
逆コース　７時間55分

■ガイド（撮影７月19日ほか）

表大雪の中で花見を楽しむのに最も適しており、なおかつ日帰り装備でよいのがこのコースの魅力である。途中には風衝れき地と遅くまで残る雪渓があるので、花を楽しめる期間は長い。

コマクサ平から第三雪渓へ。コースは雪渓左側をゆく

白雲岳のお花畑

シーズン中は層雲峡から銀泉台への登山バスが運行されているのもありがたい。より早く出発したい場合は層雲峡からタクシーが利用できる。登山前夜は層雲峡泊まりとするのがよいだろう。

逆コースも体力的、時間的に大差はない。ただし、銀泉台からの下山にバスを使う場合は、ロープウエーの始発に乗ったとしても、やや慌ただしくなるだろう。

赤岳まで

第一花園、第二花園を過ぎ、コマクサ平まで登ると周囲は高山植物だらけの世界となる。さらに第三雪渓、第四雪渓、赤岳と高度を上げていくが、赤岳頂上手前が一つのチェックポイントとなる。ここを吹き抜ける風の強さによっては、この先、小泉岳や北海平、北海岳はさらに強い風が吹くことが予想される。縦走を続けるか否かの判断材料になるだろう。

白雲分岐へ

赤岳から小泉岳、白雲分岐までは広大な尾根上を歩く。周りの山岳美、そしてエゾミヤマツメクサやホソバウルップソウなど大雪山でしか会えない花々を堪能しながらの高原散歩といった趣だ。

小泉岳で高原温泉からの道が合流し、縦走の要所である白雲分岐

北海岳付近から黒岳方面の展望

へ向かう。よく分岐に荷物をデポして白雲岳を往復する光景を見るが、キツネやクマなど野生動物のことを考えると慎むべきである。白雲岳はコース上、最高の展望地だが、予定より時間が押しているようなら、省略して北海岳へ向かうことになる。

北海岳と黒岳

　白雲岳山腹の大きな雪渓のトラバースは、ガスの時は道迷いに特に慎重に。北海岳～黒岳間では御鉢平から流れ出る赤石川の渡渉に注意が必要だ。シーズン中は飛び石で渡れるよう整備されているが、融雪による増水時は難儀することがある。赤石川から黒岳石室の間は、北鎮岳をバックにした雪田跡の花々が長い期間楽しめ、さらに紅葉も美しいところだ。

　黒岳からは登山者がぐんと増え、「登り優先」の原則を貫いているとなかなか下れないことがある。7合目登山事務所では下山届を記入するのを忘れずに。

　あとは時間、体力と相談の上、リフト&ロープウエーを使うが登山道を歩くかして層雲峡へ下る。リフト区間は道も緩く、樹林が美しいので、ここだけでも歩くと縦走のフィナーレにふさわしいものになるだろう。

紅葉の赤石川（9月下旬）

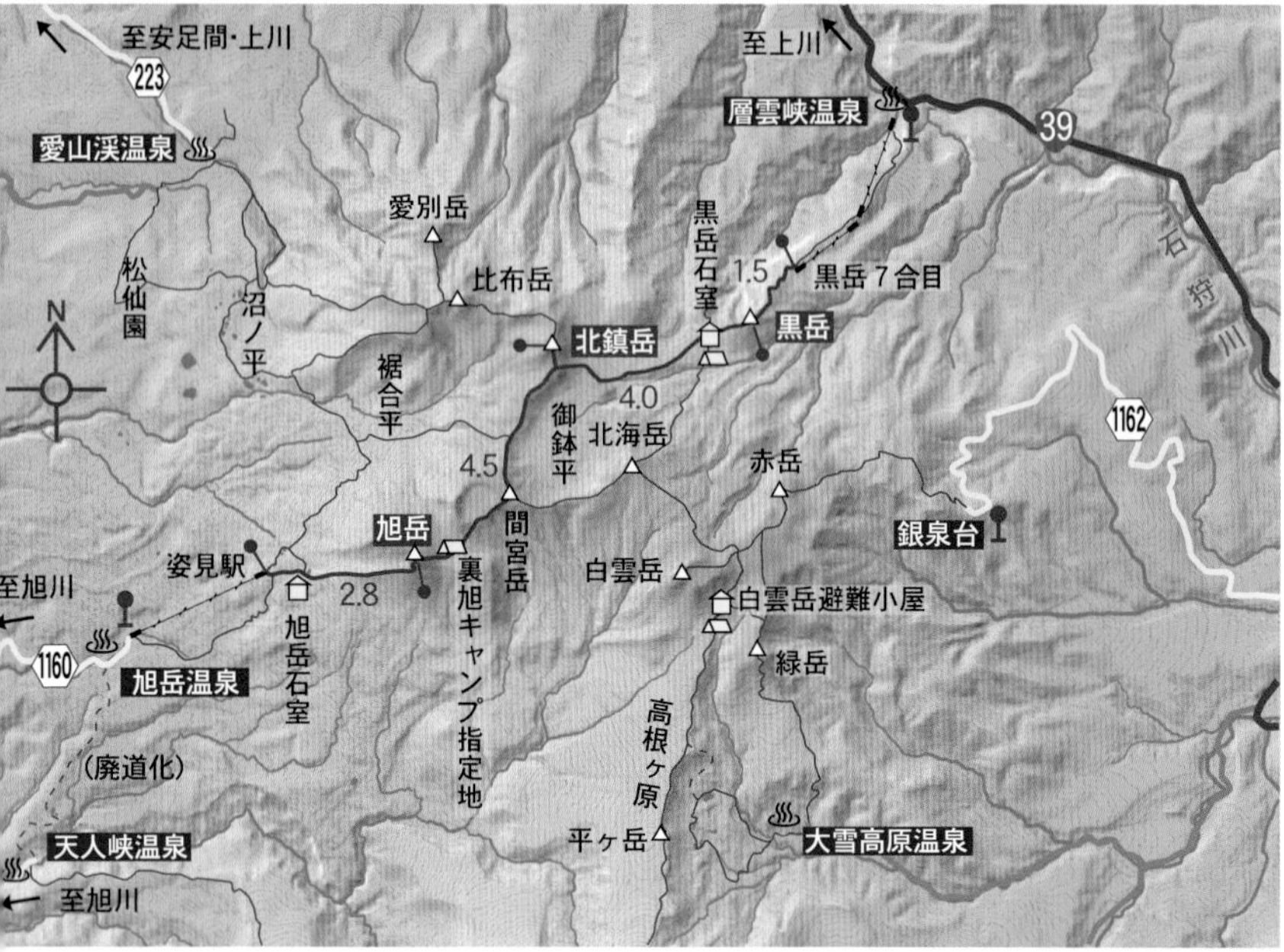

詳細なガイド記事は

姿見ノ池周辺沼めぐり（108ページ）
旭岳（114ページ）
御鉢平１周（44ページ）
北鎮岳（36ページ）、黒岳（22ページ）

初級
日帰り

旭岳〜北鎮岳〜黒岳

■**コースタイム**（日帰り装備）

姿見駅 2:00↓ 1:10↑ 旭岳 1:00↓ 1:30↑ 間宮岳 1:30↓ 1:15↑ 北鎮岳 1:40↓ 2:10↑ 黒岳 0:50↓ 1:20↑ 黒岳7合目

行程　7時間
逆コース　7時間25分

■**ガイド**（撮影7月19日）

行程の最初と最後にロープウエーが利用でき、それぞれのアクセスもいいこともあって、銀座コースと呼ばれるほど人気があるこのコース。山も北海道第1と第2の高峰に登れることから、満足感も高いだろう。

逆コースの場合は最後に旭岳を越えることになるため、できるだ

旭岳から目指す北鎮岳、黒岳を望む。中央は熊ヶ岳

熊ヶ岳の斜面には小規模なお花畑が点在する

け天候が安定した日を選びたい。

旭岳を越えて中岳分岐へ

旭岳温泉からロープウエーに揺られ、降りたところはすでにハイマツ帯を越える標高1600メートル。一面高山植物の中を観光客とともに姿見ノ池へ。爆裂火口から立ち上る噴気が、逆光を浴びて幻想的な風景をつくり出している。

池を背に2時間弱、ひたすら登り続ければ旭岳の頂上だ。表大雪の全貌を目に焼き付けたら熊ヶ岳との鞍部《あんぶ》に向かって下るが、ここが行程中最大の難所だ。急斜面の上、シーズン初めは雪渓、解ければ滑りやすい砂れき地となる。ガスの時は方角にも注意を。

慎重に下りきった鞍部の左手一帯は裏旭キャンプ指定地である。水は雪解け水を利用できる。

ここかられき地の登りで熊ヶ岳の火口の縁に出る。峨峨《がが》とした火口壁が不気味な雰囲気だ。間宮岳は火口の一角にあるピーク—とい

中岳分岐への下りから見た北鎮岳（右）と安足間岳（左端）

中岳付近は高度感ある御鉢平の展望が

うより膨らみで、すぐ手前が北海岳方面との分岐になっている。より多くの花を見たい、あるいは少しでも早く黒岳石室へ向かいたい場合は北海岳経由のほうがいい。

　間宮岳から熊ヶ岳を左手に見ながら中岳分岐へ下る。天候悪化や体調不良などで下山を急ぐ場合は、ここから裾合平経由で姿見に戻ることができる。時間的には黒岳に抜けるのと大差ないが、登りがほとんどない分、有利である。

北鎮岳、さらに黒岳へ

　御鉢平の縁をじわじわ高度を上げて北鎮岳へ。途上は風の強いところだが、ここまで来れば登りは黒岳の小さなそれを残すのみだ。なお、北鎮分岐を少し下ると雪解け水の流れるいい水場がある。

　黒岳石室手前の雲ノ平は表大雪を代表するお花畑の一つと言っていい。これまで緑の乏しい所が多かっただけに、とりわけ安らぎを感じることだろう。

　黒岳7合目からはロープウエーで下るが、もしさらなる静かな山旅を望むなら、層雲峡まで登山道を下るとよい。

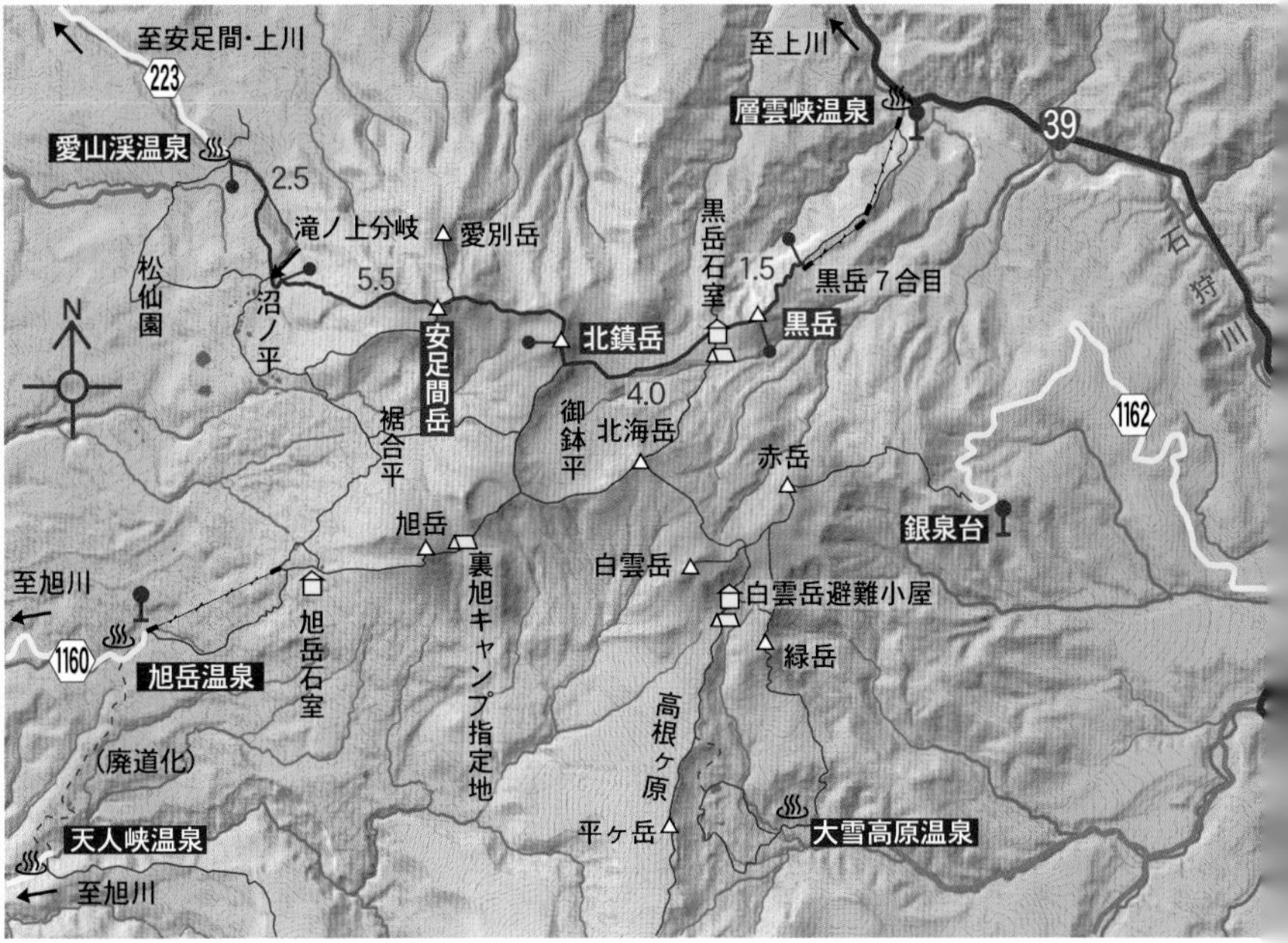

詳細なガイド記事は

黒岳（22ページ）

北鎮岳（36ページ、160ページ）

永山岳・安足間岳・比布岳（152ページ）

沼ノ平（140ページ）

初級

日帰り

黒岳～北鎮岳～愛山渓温泉

■**コースタイム**（日帰り装備）

黒岳7合目 1:20↓ 0:50↑ 黒岳 2:10↓ 1:40↑

北鎮岳 1:40↓ 1:40↑ 安足間岳 2:00↓ 2:50↑

滝ノ上分岐 1:35↓ 2:10↑ 愛山渓温泉

※三十三曲《まがり》コース経由

行程　8時間45分

逆コース　9時間10分

■**ガイド**（撮影7月18日、9月15日）

このコースは表大雪の北部に連なる山々を歩くもので、鋭く天を衝く愛別岳など山岳美が見ものだ。

日帰りで設定したが、黒岳石室に1泊すれば時間的余裕ができ、星空観賞や桂月岳からのご来光も拝むことができる。

比布平のチングルマとエゾノツガザクラ。背後は北鎮岳

黒岳へ

層雲峡からのロープウエーは始発に乗るつもりでいたい。それでもリフトを乗り継いで7合目を出発するのは、日が高くなった6時30分前後になってしまう(その点、石室泊まりなら、層雲峡を昼にたっても余裕である)。

黒岳までは朝日を背に浴びて汗をかくこと必至であり、頂上でいきなり冷たい西風の洗礼を受ける。体温調節や対策を怠りなく。

黒岳石室に泊まり、夕暮れの雲ノ平を散策するのもいい。花はチシマツガザクラ

北鎮岳まで

黒岳からはたおやかな峰々を望み、高山植物をめでながら高原歩きの趣となる。特に石室の先の雲ノ平はキバナシャクナゲやチングルマが谷地坊主状に咲き乱れ、イワウメやチシマツガザクラも多い。

次第に斜度が増し、北鎮分岐へ

安足間岳からの愛別岳。表大雪には珍しく荒々しい景色が広がる

銀明水付近から紅葉に彩られた当麻岳の尾根を見る

の登りは急な雪渓もあって結構こたえることだろう。

愛山渓温泉へ

北鎮岳から愛別岳を見ながら緩く下り、鋸岳山腹をトラバースしてお花畑の広がる比布平へ。この先、登りらしい登りは眼前の比布岳だけだ。それも周囲の花や展望に助けられ、さほど苦もなく登ってしまうに違いない。

安足間岳からは一途下山である。眼下に広がる沼ノ平の湖沼群が印象的だ。滝ノ上分岐からは沢コースが早いが2020年秋現在通行止めのため、復旧までは三十三曲コース経由となる。疲れた足での急な下りになるため、蹴つまずいたりしないよう気をつけたい。

愛山渓温泉はバス便がないので、タクシーなどの手配をしておこう。温泉は日帰り入浴も可能だ。

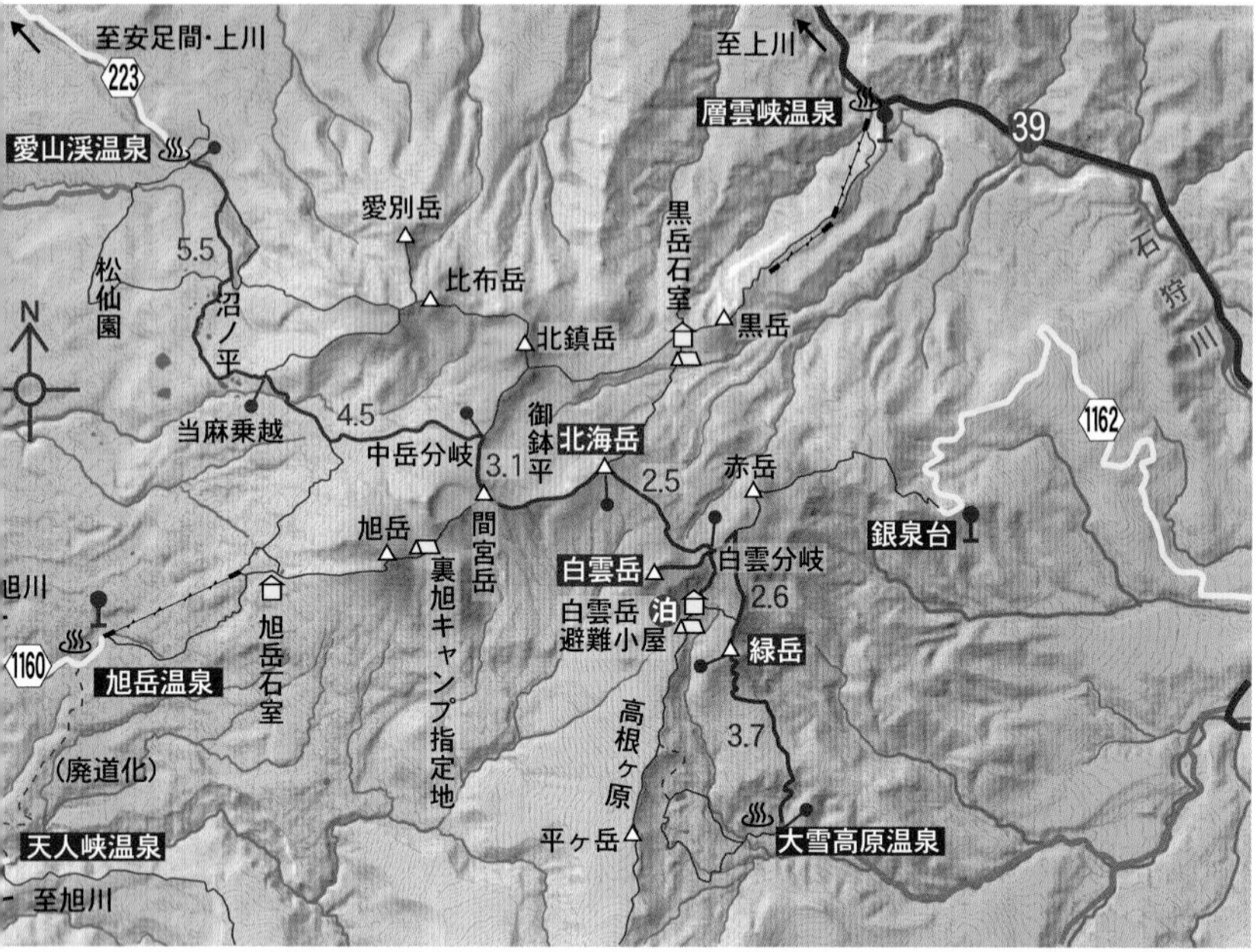

中級

1泊2日

高原温泉～緑岳～白雲岳～北海岳～裾合平～愛山渓温泉

詳細なガイド記事は

緑岳（68ページ）　白雲岳（62ページ）

御鉢平1周、北海岳から白雲分岐（44ページ）

北鎮岳（126ページ）沼ノ平（140ページ）

当麻岳、安足間岳、当麻乗越から裾合分岐（170ページ）

■**コースタイム**（縦走装備）

高原温泉 3:20↓ 2:10↑ 緑岳 1:50↓ 2:00↑ 白雲分岐 0:40↓ 0:30↑ 白雲岳避難小屋㊗泊 0:50↓ 0:35↑ 白雲分岐 0:35↓ 0:50↑ 白雲岳 1:20↓ 1:20↑ 白雲分岐 0:50↓ 0:50↑ 北海岳 0:30↓ 0:40↑ 間宮岳 2:40↓ 3:10↑ 中岳分岐 2:40↓ 4:00↑ 当麻乗《のっ》越《こし》 愛山渓温泉

※小泉岳、三十三曲《まがり》コース経由

行程　1日目　5時間10分（11時間55分）

2日目　10時間5分（4時間10分）

（　）内は逆コース

■**ガイド**（撮影7月4日、30日）

本コースはピークハントよりも

チングルマやエゾノツガザクラが咲き誇る第二花畑

小泉岳のチョウノスケソウとエゾオヤマノエンドウ

花探索に重点を置いたものである。花よりピークという向きには、中岳分岐から北鎮岳、比布岳へと稜《りょう》線《せん》をたどるプランも考えられる。

　登山の前日は大雪高原温泉か層雲峡泊まりとなるだろう。いずれも高原温泉へのバス便がないので、層雲峡からタクシーを利用する。

1日目：緑岳から白雲岳避難小屋

見どころは雪田跡に次々と展開する第一花畑と第二花畑。ただその前の樹林帯、また緑岳の急なジグザグの登りがつらいところだ。

　緑岳から白雲岳避難小屋へはヤンベタップ沢源頭の雪渓を横切る板垣新道と、小泉岳を経由するコースがある。花を見るなら断然後者がおすすめだ。前者は近いが雪渓上で迷わないよう注意したい。

　小屋着が早ければ高根ヶ原に花を見に行くのも一考の価値がある。

2日目：花の裾合平へ

　朝イチの白雲分岐への登りが少々つらいが時間は短い。北海岳までは高低差が少なく、花を見ながらの高原散歩気分だ。ただ、途中の雪渓トラバースに注意を。

　北海岳から間宮岳の間は7月中旬にエゾタカネスミレの群落が見事だ。さらにミヤマタネツケバナやヒメイワタデも多い。

荒井岳から北海岳、黒岳方面を望む

中岳分岐からは二つの選択肢がある。山を取るなら直進して北鎮岳～比布岳回りだが、花を取るなら左の裾合平へと下る。裾合平はもちろん、当麻乗越《のっこし》までの間も湿性の植物が多く、群れて咲く花を楽しめる。注意すべきはピウケナイ沢の渡渉で、水量が多い時は無理せず旭岳温泉に向かおう。

沼ノ平は7月にはワタスゲが風にそよぎ、秋は紅葉が素晴らしい。そこから愛山渓温泉への下山も2コースがある。沢コースは途中に滝があり変化に富んでいるが、2020年秋現在、通行止めである。当面は三十三曲コースを下る。下山後はバス便がないので、事前にタクシーなどを予約しておこう。

木道の両脇にワタスゲが揺れる沼ノ平

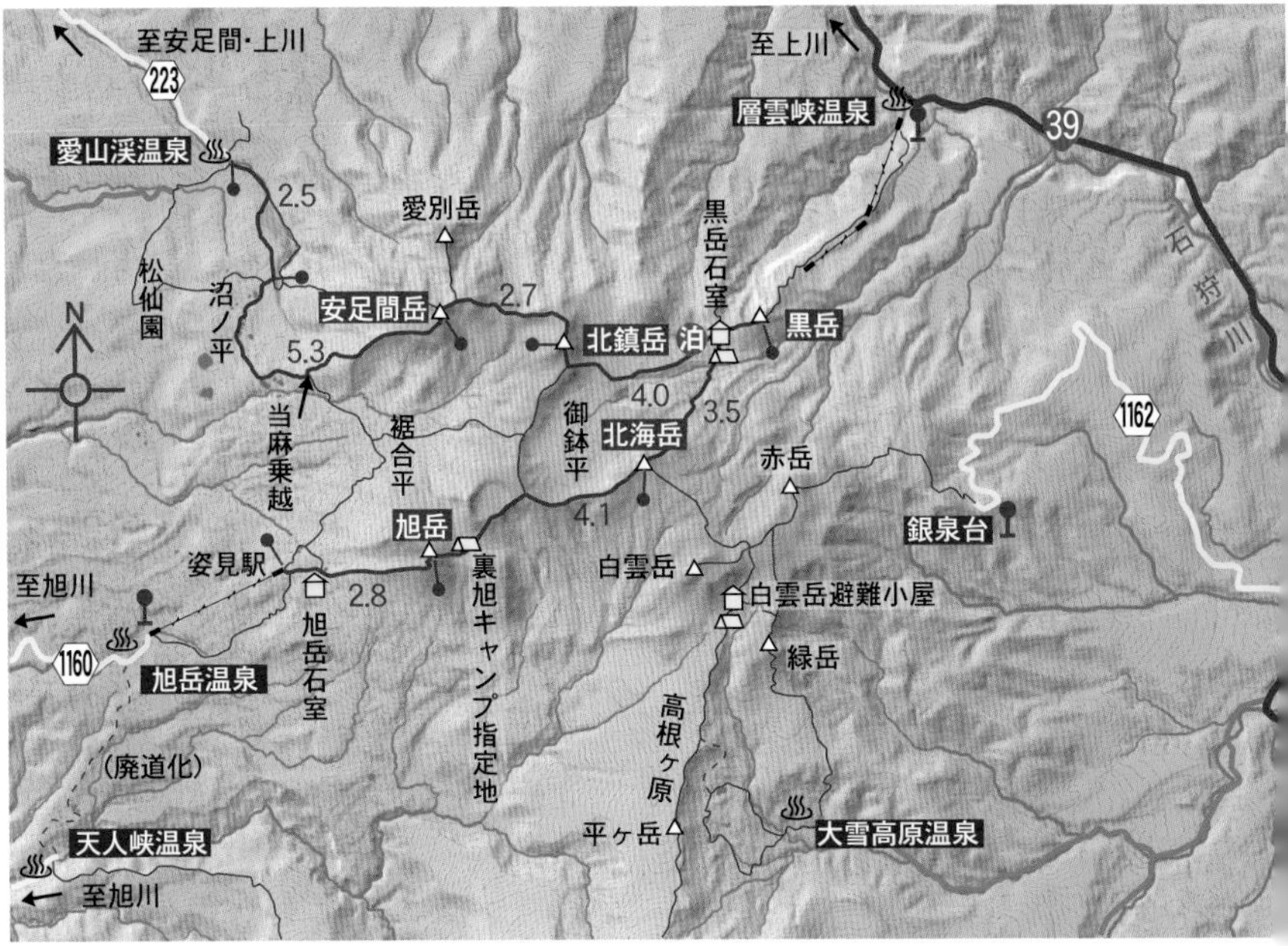

詳細なガイド記事は

旭岳（114ページ）　御鉢平1周（44ページ）
黒岳（22ページ）　北鎮岳（36ページ、160ページ）
永山岳・安足間岳・比布岳（152ページ）
沼ノ平（140ページ）

中級
1泊2日

旭岳〜北海岳〜黒岳〜北鎮岳〜愛山渓温泉

■コースタイム（縦走装備）

姿見駅 2:20↓ 1:30↑ 旭岳 2:00↓ 2:40↑ 北海岳 1:20↓ 2:00↑ 黒岳石室（泊） 0:25↓ 0:20↑ 黒岳 0:20↓ 0:25↑ 黒岳石室 2:10↓ 1:30↑ 北鎮岳 1:50↓ 1:50↑ 安足間岳 1:50↓ 2:30↑ 当麻乗越《のっこし》 2:40↓ 4:00↑ 愛山渓温泉

※三十三曲《まがり》コース経由

行程　1日目　5時間40分（10時間35分）
2日目　9時間15分（6時間10分）
（　）内は逆コース

■ガイド（撮影7月19日、9月26日）

表大雪北部の山々をほとんど登ってしまおうという欲張りなプ

熊ヶ岳付近からお花畑越しに高根ヶ原を見る

紅葉のじゅうたんを敷いた凌雲岳（左）と黒岳（右）。北海岳付近から

ランである。御鉢平を4分の3周ほどするので、さまざまな角度からたっぷりとその景観を楽しむこともできる。

2日目の天候が悪い時は、黒岳を経由して層雲峡温泉に下ってもいいだろう。

1日目：旭岳を越えて黒岳石室へ

旭岳の登りと下りは本コース前半のポイントであろう。特に東斜面の急な下りは、荷物が重いと難儀しそうだ。

間宮岳から北海岳を下りきるまでは、歩きやすく適度なアップダウンが続き、縦走の醍醐味を味わうことができる。

黒岳石室はハイシーズンは混むことが多いので、テント持参がおすすめだ。なお、石室の水は天水なので、北海沢のほとりで湧き水を汲んでいくといい（赤石川の水

安足間岳から当麻岳へ。正面は旭岳と十勝連峰（右奥）

当麻岳の下りからは沼ノ平の全貌がよく見える

は飲用に適さないので注意を）。

2日目：状況により臨機応変に

2日目は桂月岳でご来光を拝み、朝食後に黒岳をピストンしてから北海岳に向かおう。

比布岳から安足間岳へはザレた急斜面のトラバースとなり、重い装備での通過は十分に注意したい。

安足間岳に着いた時点で時間に余裕がなければ、永山岳経由で愛山渓温泉に下るとよい。当麻乗越《のっこし》経由の道は、お花畑と旭岳の展望、さらに沼ノ平も楽しめ、満足度の高い縦走の締めくくりとなる。

また、マイカーを利用して旭岳温泉に駐車し、当麻乗越から裾合分岐経由で戻ることも可能だ。大きな周回縦走である。ただ、ピウケナイ沢が増水すると渡渉が難しいので、その場合の対策を考えておく必要がある。

草紅葉となった沼ノ原もまた味わいがある（9月上旬）

詳細なガイド記事は
沼ノ原（94ページ）　五色岳・化雲岳（102ページ）
高根ヶ原・忠別岳・五色岳（76ページ）
白雲岳（62ページ）御鉢平1周・北海岳から白雲分岐（44ページ）
黒岳（22ページ）

中級　1泊2日

沼ノ原〜五色岳〜忠別岳避難小屋〜白雲岳〜黒岳

■コースタイム（縦走装備）

クチャンベツ登山口 2:20↓ 2:00↑ 大沼 3:40↓ 3:20↑ 五色岳 0:40↓ 1:10↑ 忠別岳避難小屋㊐泊 1:20↓ 0:50↑ 忠別岳 5:10↓ 4:25↑ 白雲岳 1:55↓ 2:10↑ 北海岳 1:50↓ 2:20↑ 黒岳 1:00↓ 1:30↑ 黒岳7合目

行程　1日目　6時間40分（11時間15分）
2日目　11時間15分（6時間30分）
（　）内は逆コース

■ガイド（撮影7月30日、8月17日）

大雪山の高山植物を最も堪能できるコースである。湿原、雪田跡、風衝地などさまざまな環境に咲く

タカネトウウチソウが咲く五色ヶ原と石狩連峰の山々

五色ヶ原の多くの区間は快適な木道歩き。ただ設置から時間が経ち老朽が進んだ場所も

花々はもとより、大群落で知られる五色ヶ原のお花畑が見ものだ。

　ここでは1泊2日でガイドするが、2日目はやや長めの行程となる。途中には忠別沼や高根ヶ原など花の名所もあり、白雲岳避難小屋か黒岳石室でもう1泊すると余裕ができるだろう。

　沼ノ原大沼のキャンプ指定地は環境汚染防止の意味から幕営はおすすめできない。利用の際は必ず携帯トイレを使用すること。

　登山口付近では宿泊できないので前夜は層雲峡温泉に泊まり、早朝にタクシーで入る（予約推奨）。

1日目：沼ノ原と五色ヶ原

　1日目はそれほどの長丁場ではないが、花に景色にと歓声が上がりっぱなしで、意外と時間がかかるかもしれない。

　五色ヶ原は湿性のお花畑で、チ

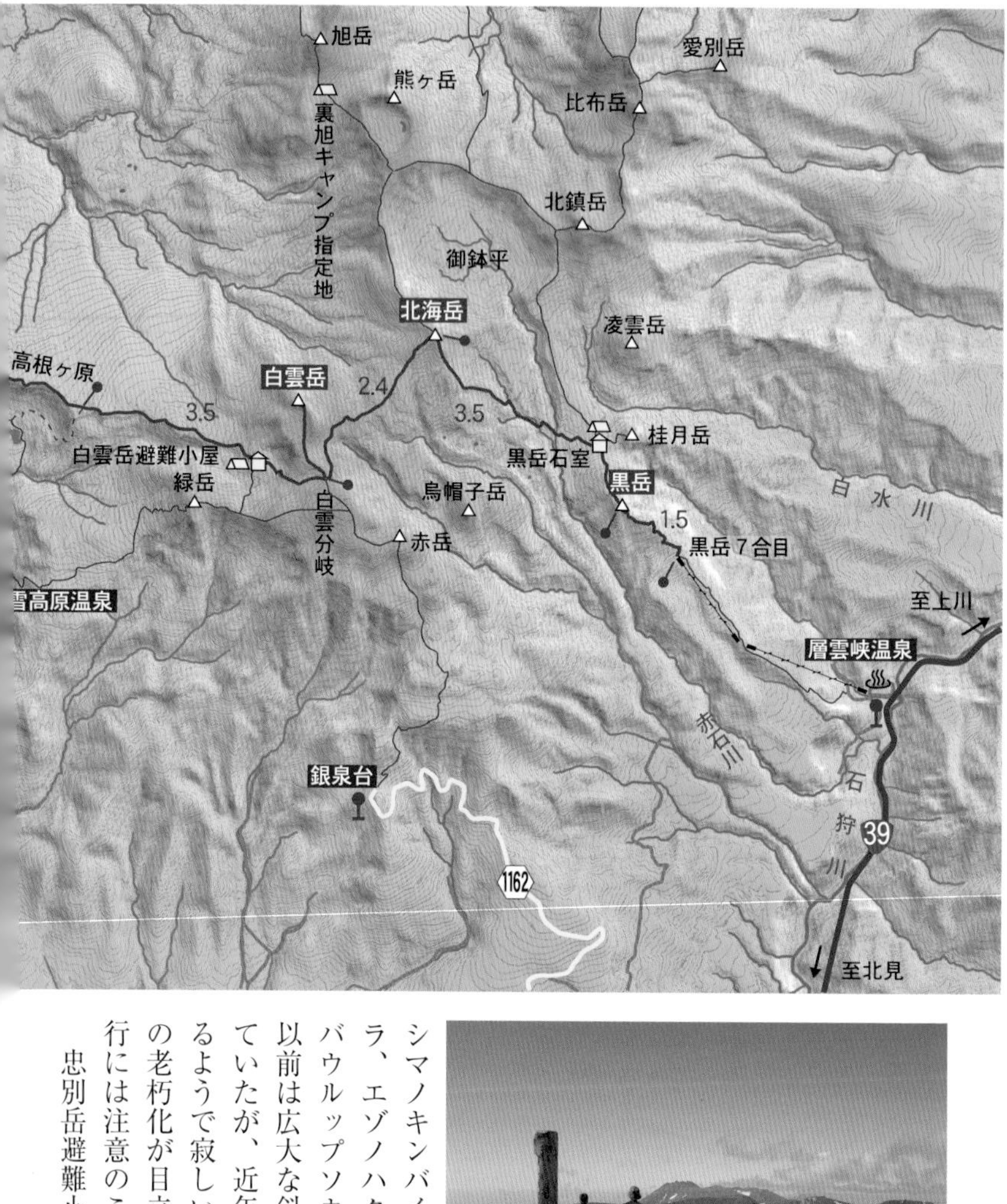

忠別岳山頂からトムラウシ山を見る

シマノキンバイソウ、エゾコザクラ、エゾノハクサンイチゲ、ホソバウルップソウなどが見られる。以前は広大な斜面いっぱいに咲いていたが、近年、衰退が進んでいるようで寂しい限りだ。また木道の老朽化が目立つ区間もあり、歩行には注意のこと。

　忠別岳避難小屋は小さく、キャ

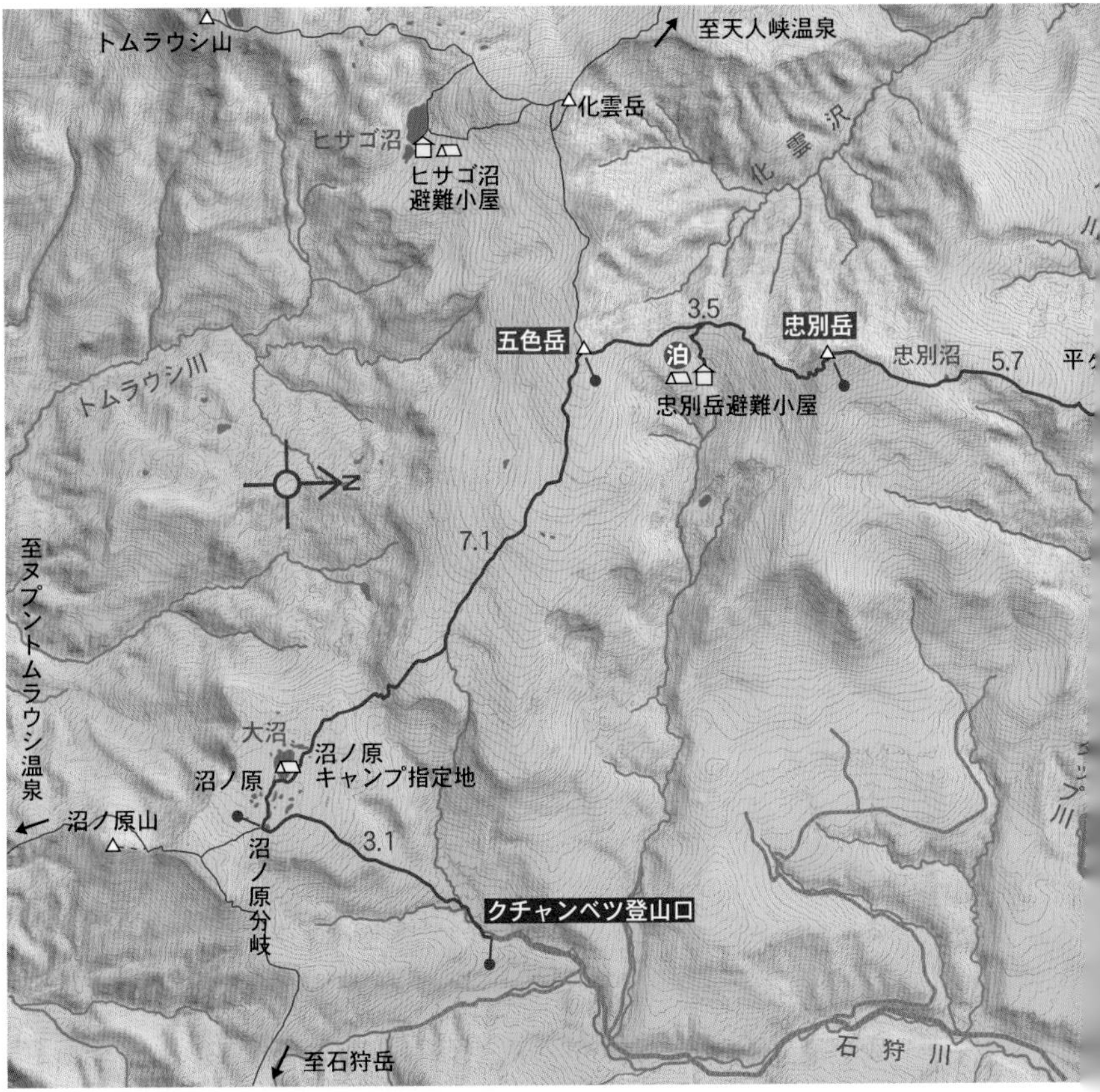

ンプ指定地もあまり広くない。年により遅くまで雪渓がテント場を覆っていることもある。混雑時は譲り合って利用しよう。

2日目：表大雪へ

忠別岳から白雲岳にかけては表大雪でもヒグマの出没情報が比較的多いエリアである。必要以上に恐れることはないが、かん木帯やガス発生時など見通しが悪い時は

忠別岳付近に多いタカネシオガマ

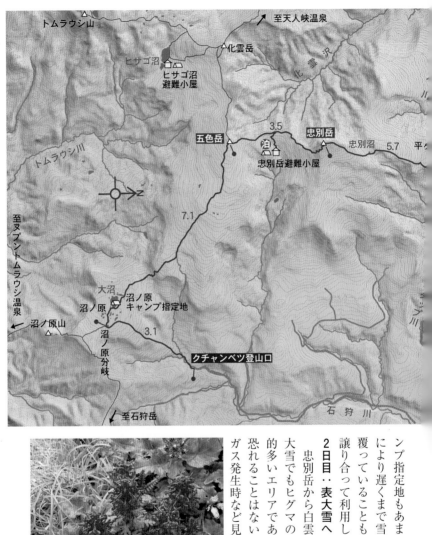

瞳のような輝きを放つ忠別沼。その先にはこれからゆく白雲岳が

チングルマの紅葉。白雲岳避難小屋近くで（9月下旬）

足元に来たカラフトルリシジミ

鈴などの鳴り物で対策を。

高根ヶ原は広大なお花畑で植物の種類も多い。道草次第で所要時間が大きく変わりやすい。

何らかの理由で早く下山したい場合、三笠新道はシーズンを通じてほぼ通行止めのためエスケープルートとしては使えない。白雲岳避難小屋から高原温泉、または白雲分岐から銀泉台へ下ると若干早いが、下山後の交通手段を確保しておく必要がある。

天空に浮いたような印象を受ける沼ノ原

詳細なガイド記事は

沼ノ原（94ページ）　五色岳・化雲岳（102ページ）

化雲岳・ヒサゴ沼避難小屋へ（178ページ）

トムラウシ山（190ページ、204ページ）

上級　2泊3日

沼ノ原～五色岳～化雲岳～トムラウシ山

■**コースタイム**（縦走装備）

クチャンベツ登山口 ―2:20↓ 2:00↑― 大沼 ―3:40↓ 3:20↑― 五色岳 ―1:00↓ 1:00↑― 化雲岳 ―0:40↓ 1:00↑― ヒサゴ沼避難小屋泊 ―3:00↓ 2:25↑― トムラウシ山 ―0:25↓ 0:35↑― 南沼キャンプ指定地泊 ―5:10↓ 6:40↑― トムラウシ温泉

行程　1日目　7時間40分（6時間40分）

2日目　3時間25分（3時間）

3日目　5時間10分（7時間20分）

（　）内は逆コース

■**ガイド**（撮影7月30日、8月17日）

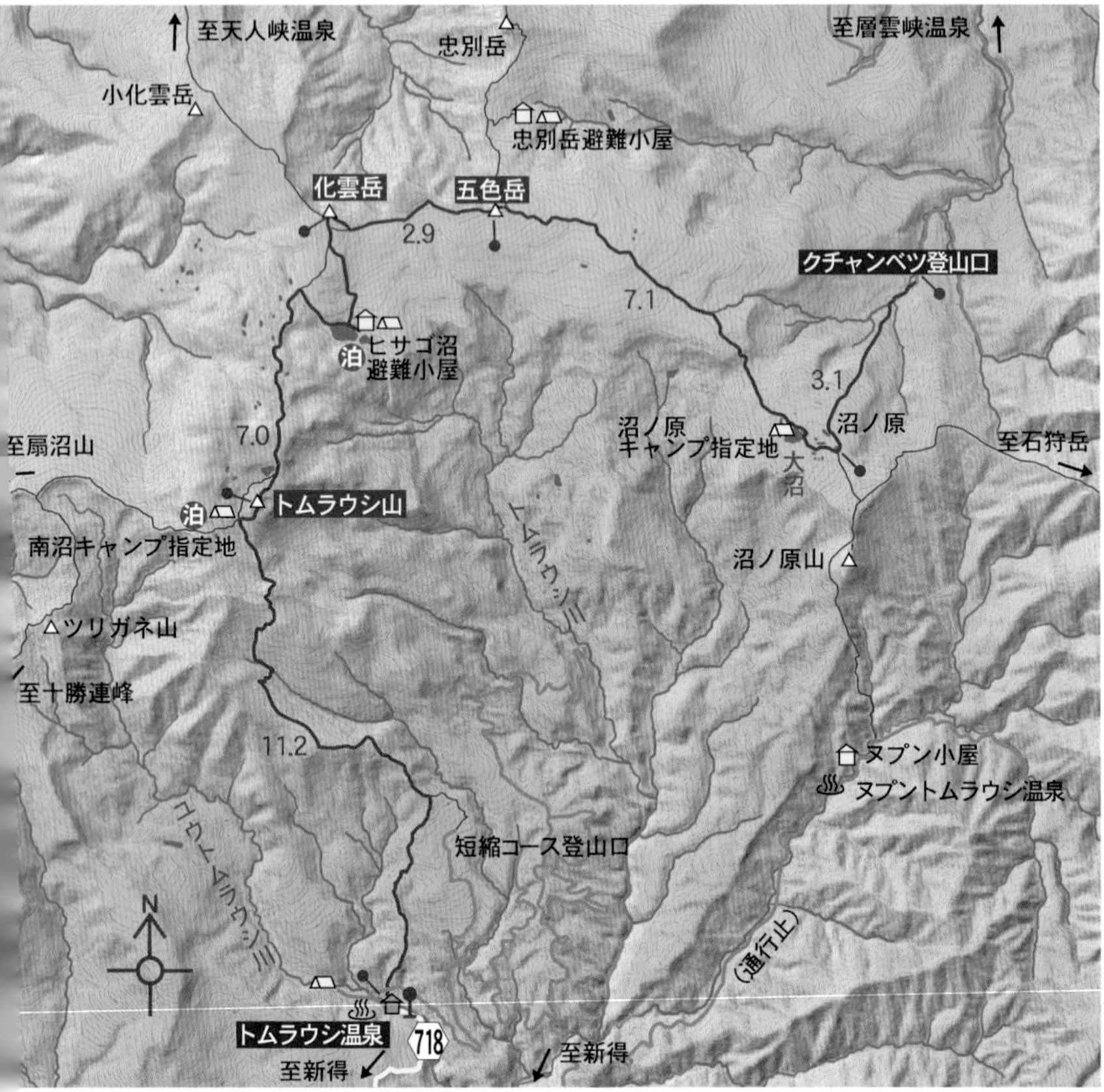

踏破するだけなら1泊でも可能な行程だが、憧れのトムラウシ山だけに時間をかけて楽しみたい。本プランでは2日目をこれにあてる。なお、初日を忠別岳避難小屋泊としてもいいだろう。

1日目：五色ヶ原からヒサゴ沼へ

ハードな1日となるので、層雲峡温泉から早朝のタクシーでクチャンベツ登山口へ向かう。序盤の急な樹林帯は汗を絞られるが、沼ノ原以降はなだらかで大きな登りもなく救われる。最終目標のトムラウシ山が終始見えているのも励みになろう。

五色の水場は冷たい流水が得られるので補給していくとよい。

五色岳を越えてハイマツ帯をくぐり抜ければ、神遊びの庭とも称される化雲平である。トムラウシ山の雄姿を投影する池塘《ちとう》がホソバ

池塘と花とトムラウシ山。「神遊びの庭」化雲平で

化雲平に延びる木道。周辺にはヒグマの痕跡も見られる

ウルップソウなどの花々に囲まれ、遅くまで残る雪渓の跡を追うようにエゾコザクラが咲く。いつまでもたたずんでいたいところだが、そんな気持ちを振り切ってヒサゴ沼避難小屋へ下る。

2日目：トムラウシ山でのんびり

ヒサゴのコルへの登りは急な雪渓が残り、特に朝は硬く危険だ。時間的には余裕があるので、前日

朝のヒサゴ沼キャンプ指定地。水辺のためか結構冷え込む印象

一帯は日本庭園とも呼ばれる天沼。早い時期は雪に覆われている

の化雲平を経由していくのもいいだろう。その先の日本庭園ものんびりしたいし、ロックガーデンではナキウサギの姿を待つという楽しみ方もある。

ただし悪天候時は要注意。視界が悪いとルートを見失いやすく、また進むほどに標高が上がって状況はより悪くなりがちだ。無理せずヒサゴ沼で停滞すること。

南沼キャンプ指定地はトイレ問題が深刻だったが、近年、携帯トイレブースが増設された。マナーを守っての使用をお願いしたい。早く到着したら、南沼や三川台方面を散策するのもいいだろう。

3日目：名残惜しく下山

この日は下山のみ。見どころのトムラウシ公園は時間を取りたい。

コマドリ沢手前の岩れき帯、また雪渓が残っている場合は、装備

トムラウシ山の北沼。日帰り登山者はまず来ない静寂の沼だ

が重いだけにより慎重に行動を。カムイサンケナイ川からの登り返しがつらいが、これを過ぎればあとは林間を淡々と下るだけだ。

なお、縦走の場合は短縮コース登山口ではなく、トムラウシ温泉に下ることになる。足が限られるので、事前に確認、手配を。

秋もまた美しいトムラウシ公園

朝の逆光に旭岳のシルエットが浮かぶ。いざ、出発！

詳細なガイド記事は

旭岳（114ページ）
御鉢平１周、北海岳から白雲分岐（44ページ）
白雲岳（62ページ）　高根ヶ原・忠別岳・五色岳（76ページ）
五色岳・化雲岳（102ページ）
トムラウシ山（190ページ）　化雲岳（178ページ）

上級

3泊4日

旭岳～白雲岳～五色岳～ヒサゴ沼～トムラウシ山～天人峡

■ コースタイム（縦走装備）

姿見駅 ―2・20↓ 1・30↑― 旭岳 ―5・15↓ 6・05↑― 白雲岳避難小屋㊗ ―4・50↓ 5・10↑― 五色岳

―1・40↓ 2・00↑― ヒサゴ沼避難小屋㊗

―2・40↓ 2・10↑― トムラウシ山 ―2・10↓ 2・40↑―

ヒサゴ沼避難小屋㊗ ―5・50↓ 7・50↑―

天人峡温泉

行程

1日目　7時間35分（7時間50分）

2日目　6時間30分（4時間50分）

3日目　4時間50分（7時間10分）

4日目　5時間50分（7時間35分）

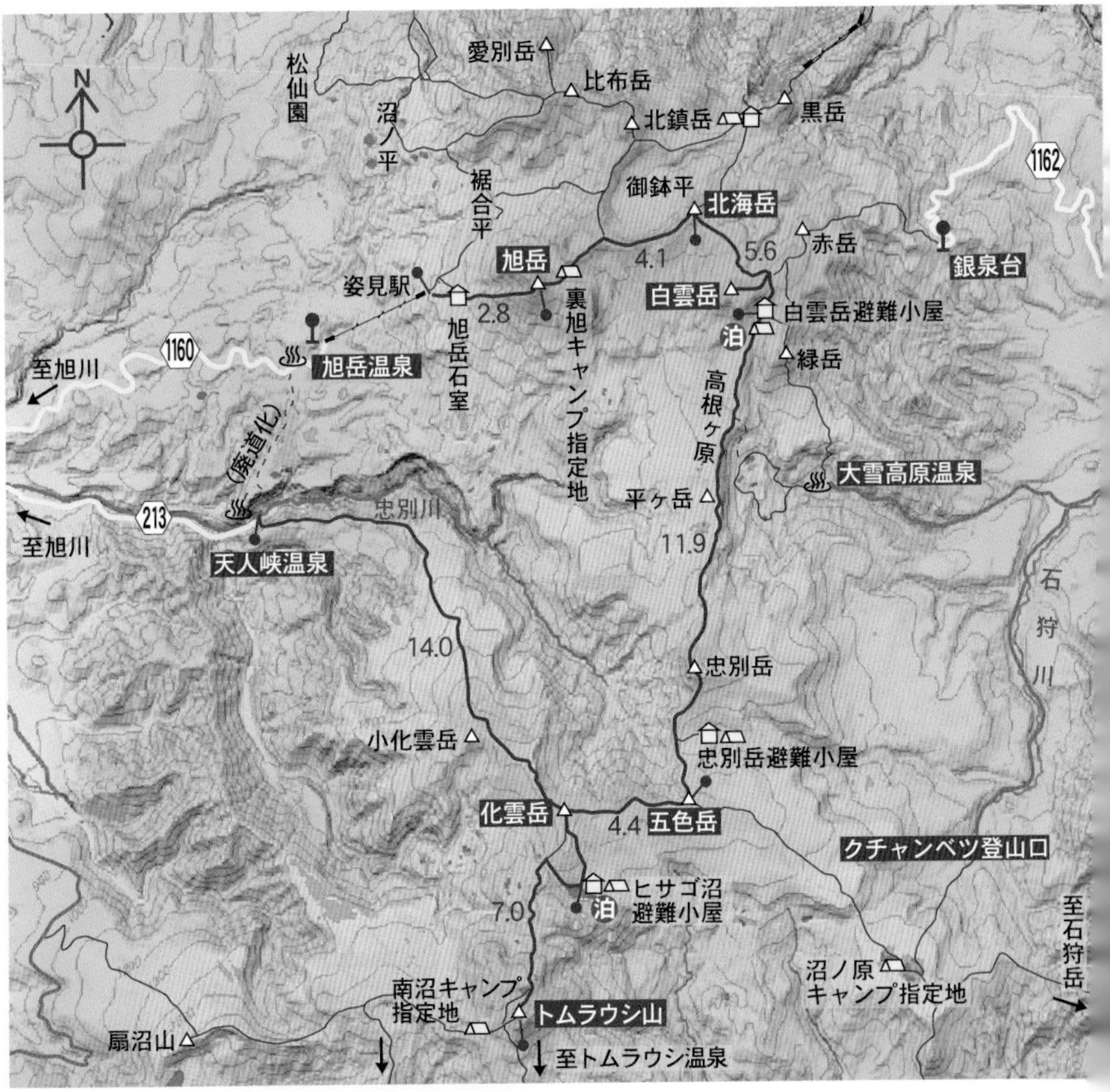

（　）内は逆コース

■ガイド（撮影7月19日、8月18日ほか）

前半は主峰旭岳をはじめとする山岳美、中盤の高根ヶ原以降は高山植物の景観が魅力の縦走コースである。花の種類の多い高根ヶ原、池塘《ちとう》と花の楽園の忠別沼、トムラウシ山を背景にした化雲平の花の群れ、さらに高層湿原とそれを取り巻くアカエゾマツが印象的な第一公園などが主な見どころだ。

ザレ場の登りが続く旭岳

白雲岳からの旭岳方面。初夏の雪渓模様も９月下旬にはすっかり消える

白雲岳から望む東大雪の山々。手前は火口原の一画

高根ヶ原から緑岳と高原沼（空沼）を見る

山中3泊のロングコースとなり、白雲岳避難小屋から先はエスケープルートがないことに留意したい。諸事情で早く下山したい場合、下山後の足のことまで考えると、クチャンベツ登山口より、予定通り天人峡温泉に下るのが有利だろう。

1日目：白雲岳避難小屋へ

4日間のうちで最も行動時間が長く、なるべく朝早いロープウエーで入山したい。それでも状況によっては白雲岳登頂は断念せざるを得ないかもしれない。

2日目：高根ヶ原を歩く

緑岳でご来光を拝むのもいいだろう。ここから見るトムラウシ山はベストアングルともいわれる。

この日は距離は長いが高低差は少なく、大雪山の雄大さを思う存分味わえる。平ガ岳や五色岳周辺

忠別岳から見るトムラウシ山

忠別岳から小化雲岳方面を望む。忠別川源流域の広さと深さが目を引く

出発時に比べてぐっと近づいたトムラウシ山を見ながら化雲平をゆく

など、見通しの悪いところではクマ対策を忘れずに。

3日目：トムラウシ山アタック

不要な荷物をヒサゴ沼避難小屋にデポし、日帰り装備でトムラウシ山を往復しよう。体力、時間ともに余裕があるので、じっくりと花や景色を楽しんでほしい。

4日目：天人峡温泉に下山

下山だけとはいえ、想像以上に長い行程で、途中ぬかるみなどの悪路もある。特に第一公園から滝見台までは展望の利かない樹林帯が延々続く。覚悟して臨もう。

なお、マイカー利用などで旭岳温泉に戻る場合、天人峡から道道213号を約8キロ歩き、道道1116号の「国立公園入口」バス停から旭岳温泉行きのバスに乗るとよい。天人峡温泉―旭岳温泉の連絡歩道は廃道化した。

忠別川源流に切れ落ちた化雲岳付近の稜線（りょうせん）。右奥は旭岳

1947 m 峰から化雲岳を振り返る

小化雲岳付近から十勝連峰の展望。手前はクワウンナイ川源流域

トムラウシ山から目指す十勝連峰を望む（8月下旬）

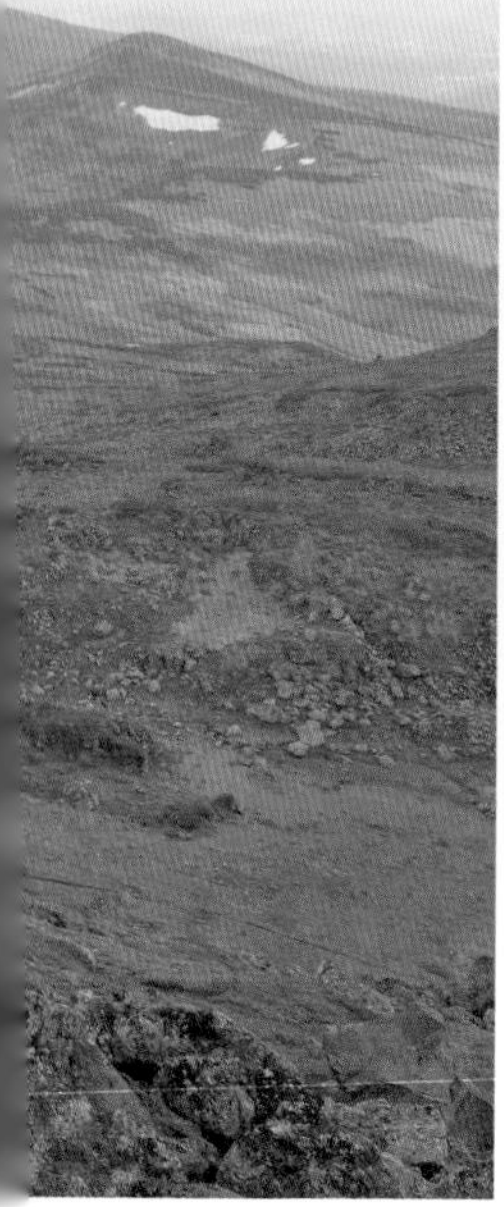

南沼キャンプ指定地を後に長い一日が始まる

詳細なガイド記事は

トムラウシ山（204ページ）

『夏山ガイド』③
オプタテシケ山（254ページ）

上級
2泊3日

トムラウシ温泉〜トムラウシ山〜オプタテシケ山〜白金温泉

■コースタイム（縦走装備）

トムラウシ温泉 6:40↓ 5:10↑ 南沼キャンプ指定地（泊） 0:35↓ 0:25↑ トムラウシ山 0:25↓ 0:35↑ 南沼キャンプ指定地 1:50↓ 2:10↑ 三川台 2:40↓ 2:50↑ コスマヌプリ 1:30↓ 1:50↑ 双子池キャンプ指定地（泊） 1:50↓ 1:30↑ オプタテシケ山 2:00↓ 2:50↑ 美瑛富士避難小屋 2:30↓ 3:10↑ 登山口 1:30↓ 1:50↑ 白金温泉

行程　1日目　6時間40分（9時間20分）
2日目　7時間（7時間50分）

3日目　7時間50分
（5時間10分）
（　）内は逆コース

■ガイド（撮影9月19日ほか）

この縦走路は表大雪と十勝連峰という二つの山域を結ぶものである。高度は概ね1500メートル台と低く、アップダウンの連続ではあるが比較的なだらかな尾根が続く。

一方で両側をトムラウシ山とオプタテシケ山がとりでのようにそびえ、途中には有効なエスケープルートがない。加えて1日の行程は長めで、キャンプ指定地も限られている。総合的にややベテラン向きのコースといえるが、登山者も少なく、原始性の高い山旅を楽しめる。

また、表大雪や十勝連峰の山々へとつなぎ、さらなる長期縦走のアレンジも可能だ。ちなみに逆コースも難易度はさほど変わらない。

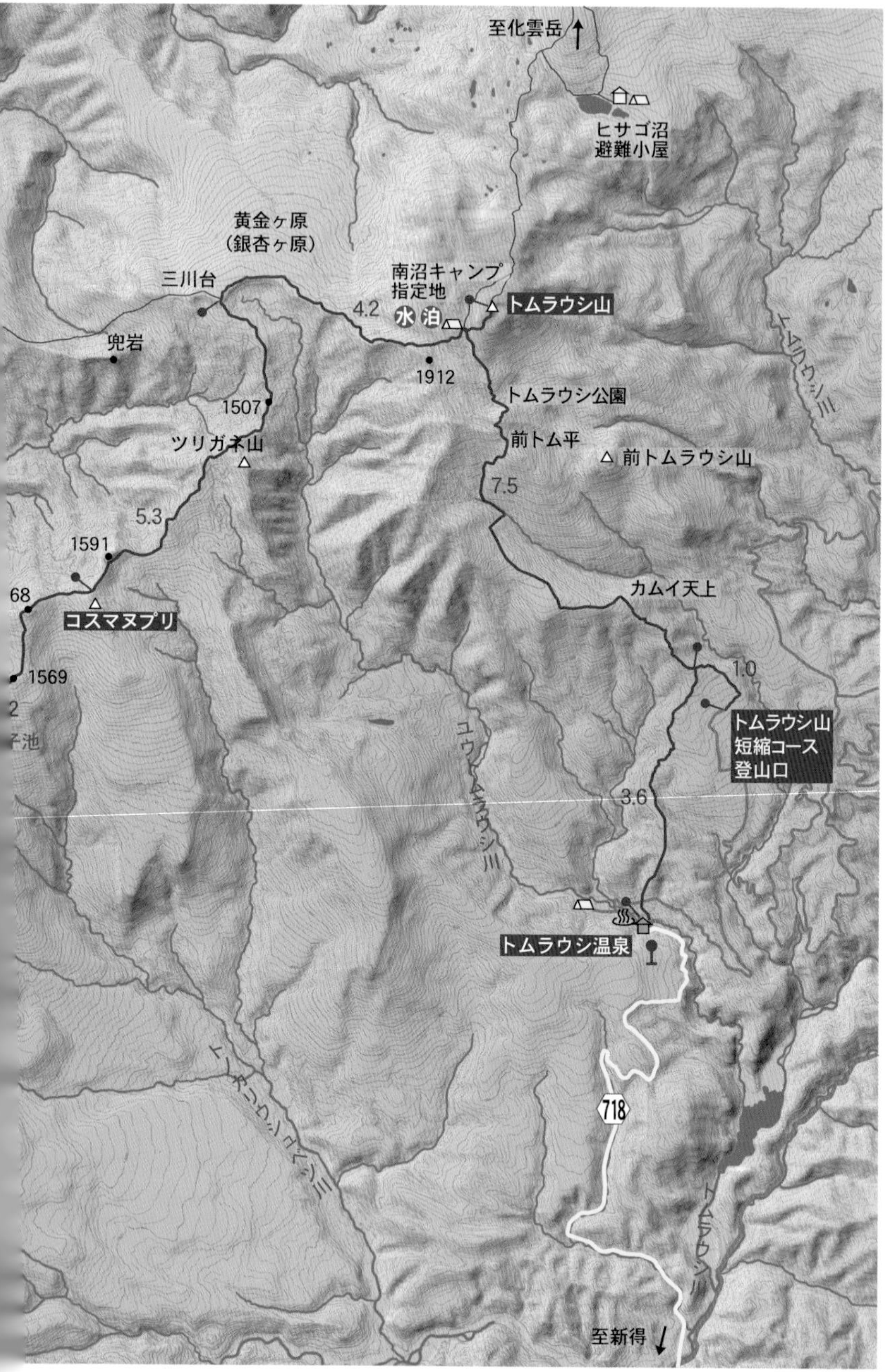
至化雲岳
ヒサゴ沼
避難小屋
黄金ヶ原
（銀杏ヶ原）
三川台
南沼キャンプ
指定地
4.2
水
泊
トムラウシ山
兜岩
1912
1507
トムラウシ公園
ツリガネ山
前トム平
前トムラウシ山
7.5
5.3
1591
68
コスマヌプリ
カムイ天上
1.0
1569
トムラウシ山
短縮コース
登山口
3.6
ユウトムラウシ川
トムラウシ川
トムラウシ温泉
718
至新得

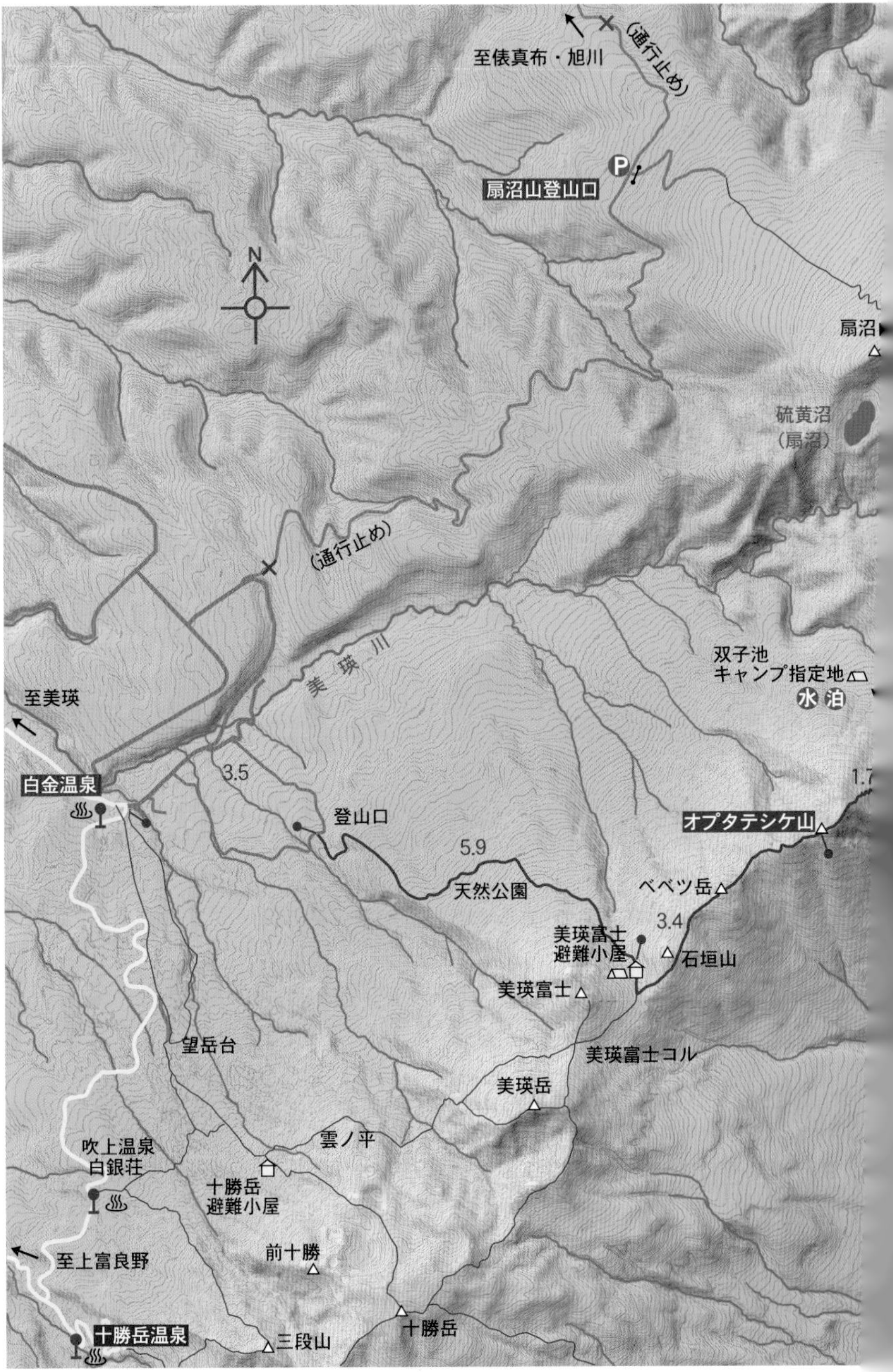

至俵真布・旭川
（通行止め）
扇沼山登山口
N
扇沼
硫黄沼
（扇沼）
（通行止め）
美瑛川
双子池
キャンプ指定地
水
泊
至美瑛
白金温泉
3.5
登山口
1.7
オプタテシケ山
5.9
天然公園
ベベツ岳
3.4
美瑛富士
避難小屋
石垣山
美瑛富士
美瑛富士コル
望岳台
美瑛岳
雲ノ平
吹上温泉
白銀荘
十勝岳
避難小屋
至上富良野
前十勝
十勝岳
十勝岳温泉
三段山

南沼に向かって急な斜面を下ってゆく

銀杏ヶ原に群生するイワイチョウ

秋は南沼の水も貴重な存在だ

なお、ササ刈りなどの整備は定期的に実施されるわけではなく、状況によっては所要時間を多く見積もる必要がある。直近では2020年夏にササ刈りが行われた。

水場とテント場

キャンプ指定地は南沼と双子池の2カ所のみである。トラブルなどでビバークを余儀なくされる場合は、三川台、三川台とツリガネ山の鞍部《あんぶ》、ツリガネ山南側直下、コスマヌプリ西側の鞍部に、1〜3張り程度のスペースがある。

水場は時期が遅くなると限られる。先の両キャンプ指定地ではほぼ確実に得られるが、それでも秋など状況次第では沼の水を煮沸使用することになる。

1日目：トムラウシ山へ

初日は南沼キャンプ指定地まで。トムラウシ山アタックは翌朝に

銀杏ヶ原、さらにその先の三川台へ。ほとんど人のいない静寂の道

取っておいてもいいが、条件が良ければこの日に済ませてもいい。

2日目：三川台とコスマヌプリ

前半は下り一方で比較的楽な行程だ。キャンプ指定地から南沼を眼下に見ながら急斜面を下り、1912メートル峰の北面をトラバース。斜度の緩んだ稜線《りょうせん》上を銀杏《いちょう》ヶ原（黄金ヶ原）に向かってどんどん進む。やがて左手に見えてくるユウトムラウシ川源頭はユウトムラウシ花園とも呼ばれる湿性のお花畑。箱庭のように美しい光景を見下ろしながらぐるりと回り込んで三川台へと向かう。

三川台の名はユウトムラウシ、辺別《べべつ》、美瑛の三川の分水嶺になっていることによる。ここから扇沼山を経て美瑛町俵真布へ下る道は、2016年夏の台風以来通行止めとなっているが（20年秋現在。

ユウトムラウシ川源頭の箱庭のような地形。クマの姿が見られるかも

鎖のかかったツリガネ山の急斜面

ツリガネ山の登りから三川台を見る

198ページ参照）、エスケープルートとしても重要な存在だけに、復旧を望むところである。

三川台から南東にハイマツ帯を大きく下ると1507メートル標高点の鞍部に着く。左手に入ると水を得られるがブッシュが濃い。

ここからはアップダウンを繰り返しながらオプタテシケ山へ向かう。各ピークは全般に登り（トムラウシ山側）が急斜面で、越えた先は緩く下っている。コース大半がササとハイマツに囲まれているが、展望が開ける場所も随所にあり、その都度、前後の稜線や左右の源頭域の景色が違って見え、縦走の喜びを感じさせてくれる。

ツリガネ山は頂上北側の肩を越え、1591メートル峰は南側斜面をトラバース、コスマヌプリも頂上北側の肩を越えていく。

ツリガネ山北肩から進行方向を望む。オプタテシケ山とコスマヌプリが重なっている

コスマヌプリはとりわけ展望がよい。正面にオプタテシケ山が大きく、振り返れば歩いてきた山々の先にトムラウシ山がひときわ高い。また、三川台から扇沼山へと続く長大な尾根やその下にたたずむ硫黄沼もここならではの景色だ。

次の１６６８メートル峰で進路を南に変え、緩く下った先の巨岩のピークが１５６９メートル峰。再度西に進路を変え、ハイマツとササの斜面を下れば双子池である。幕営跡があって紛らわしいが、キャンプ指定地はさらに５００メートルほど先のオプタテシケ山の山裾にある。水場の枯渇が懸念されるときは、一応沼水（要煮沸）をくんでいこう。

3日目：十勝連峰へ

朝イチで標高差６００メートルにおよぶオプタテシケ山の急斜面を登る。コースはほぼ直登、時に小刻みな

コスマヌプリの先、1668 m 峰付近からたどってきた山並みを振り返る

ジグザグを繰り返す。岩れき帯や早い時期は雪渓が残るのでルートを見失わないよう注意したい。

ようやく登り着いたところはオプタテシケ山北側の肩にあたる地点（東峰）だ。本峰は細く険しい稜線を一度下って登り返さなければならない。左手の急斜面に高山植物のお花畑が出迎えてくれると、ついに待望の山頂に躍り出る。

オプタテシケ山に立つと、本コースのヤマ場を越えたことになる。歩いている時は大きく感じたツリガネ山やコスマヌプリがコブのように見え、その先でトムラウシ山が微笑んでいるようだ。

さて、ヤマ場を越えたとは言ったものの、まだ気を抜けない。美瑛岳避難小屋までは相応の距離とアップダウンがあるし、そこから白金温泉までの下りも長い。特に

カブト岩と呼ばれる1569ｍ峰の大岩

双子池手前。オプタテシケ山が迫ってきた！

べべツ岳の登り返しは標高差が約130《メートル》ありつらいところだ。ここまでの行程に比べて標高自体も高く、天候変化にも注意しよう。

　美瑛岳避難小屋で縦走路と別れ、ハイマツとかん木の「天然公園」からうっそうとした針葉樹林へと下

オプタテシケ山は本コース最大の難所

細い稜線をたどりオプタテシケ山へ

双子池キャンプ指定地

　オプタテシケ山北東の双子池から同山側に500 mほど寄った山裾にある。花に囲まれた雰囲気のいいロケーション。水は山からの小沢で得るが、涸《か》れていれば双子池の水（写真下）を煮沸して使う。
▶設営数：数張り、無料

る。登山口に出たら舗装の林道を右に折れ、下りきったゲートの丁字路を左折。ほどなく出る広い車道を左に進めば白金温泉である。

　なお、避難小屋からさらに縦走路を進み、美瑛富士コルから雲ノ平、望岳台を経由し、遊歩道を利用して白金温泉に下ることもできる。小屋からの所要時間は約5時間。また、吹上温泉に下れば上富良野町営バスが利用できる。所要時間は約4時間20分。

日帰り登山者も多いオプタテシケ山

オプタテシケ山から美瑛岳、十勝岳方面を望む（8月上旬）

振り返れば遠くトムラウシ山がかすんで見える

大雪山の花

よく見る花、
ぜひ見たい花などを
環境別に紹介しよう。
✽…花期（月）

主に樹林帯やハイマツ帯で見られる花

クロウスゴ

ツツジ科。落葉低木でつぼ形の花が新枝の先につき、花冠の先は５浅裂。果実は黒紫色に熟する。林縁に多い。✽6〜7

ウラジロナナカマド

バラ科。落葉低木で葉は羽状複葉。小葉先は円く鋸歯(きょし)は基部付近にない。花も果実も上向き。亜高山に広く分布。✽6中〜7

イワツツジ

ツツジ科。草状の落葉小低木。葉柄基部につく1〜3個の花よりも、花後赤く熟した大きな果実が目立つ。広域分布種。✽6〜7上

ジンヨウキスミレ

スミレ科。光沢のない腎形の葉が３枚つく。５枚の花弁のうち唇弁の筋は網目状。ダケカンバ帯上部。大雪山の準固有種。✽7〜8上

ヒダカレイジンソウ

キンポウゲ科。茎葉も根生葉も手のひら状に裂け花は花弁を包む５個の萼(がく)片が濃いクリーム色。長さ2〜2.5cm。✽7〜8

エゾオヤマリンドウ

リンドウ科。エゾリンドウの高山型。無柄の葉は対生し、花は茎の先にまとまってつき、長さ3〜4cm。好条件化で先が開く。✽8〜9

ヒメイソツツジ

ツツジ科。イソツツジに似た低木で小型、葉は線形で幅1〜3mmで裏側への巻き込みが大。表大雪のハイマツ帯。✽7上〜中

ダイセツトリカブト

キンポウゲ科。葉は手の平に、更に線形に裂ける。柄に開出毛がある花は２個の花弁を５個の萼片が包み、長さ約3cm。✽7下〜9

エゾノハクサンイチゲ

キンポウゲ科。根生葉は三つに、更に二つに裂ける。苞葉は4枚輪生。花の径は約3cm、花弁に見えるのは萼片で5~7枚。✽6中~7

主に草原、湿原、雪田跡で見られる花

コモチミミコウモリ

キク科。切れ込みがある腎形の葉の柄基部が耳状となり茎を抱き、むかごがつく。ほぼ大雪山と日高山脈の特産。✽7下~9

チシマノキンバイソウ

キンポウゲ科。葉は手のひら状に鋭く裂ける。花は径約3.5cm、5枚の萼片が花弁状で、本当の花弁は線形で雄しべと並ぶ。✽7~8

ウズラバハクサンチドリ

ラン科。ハクサンチドリの品種。より小型で葉にウズラ模様がある。大雪山と日高山脈のやや湿ったところに生える。✽7~8上

チシマヒョウタンボク

スイカズラ科。よく分枝する落葉低木。花は2個がセットでつくが、果実は1個のひょうたん型となる。樹林限界付近に多い。✽7~8上

クモマユキノシタ

ユキノシタ科。先が鋸歯状に裂けた肉厚の葉が根元にまとまる。黄斑点のある花弁に長い柄があり移植ごて形。湿ったれき地。✽7~8

タチギボウシ

キジカクシ科。長楕円形の葉が数枚根元につき、平行脈が目立つ。長さ約4cmのラッパ状の花がやや下向きにつく。湿原。✽7中~8

ウコンウツギ

スイカズラ科。よく分枝する落葉低木。葉は長楕(だ)円形で長さ約10cm。花冠は先が5浅裂、下側は蜜の有無で黄→赤褐色。✽6下~7

アオノツガザクラ

ツツジ科。花以外は前種に似る。花冠は口が狭くなったつぼ形で（コエゾツガザクラに似る）、先が5浅裂。雪田跡に多い。✼7〜8

トカチフウロ

フウロソウ科。葉は手のひら状に裂け、花の径は3cm以下。花が紫色のチシマフウロの品種で大雪山の特産。高山の草地。✼6〜8上

チングルマ

バラ科。草状の落葉小低木。葉は羽状複葉。花は径約2.5cm、花後雌しべは伸びて羽毛状となる。広域分布種。✼6中〜8上

リシリリンドウ

リンドウ科。厚く光沢のある葉が対生し、花冠は長さ約2.5cm、裂片は平開するが副片が喉部をふさぐ。湿ったれき地や草地。✼7〜8

エゾコザクラ

サクラソウ科。やや厚みのある葉の上半分に大きな切れ込みがある。花冠の径は2〜2.5cm。高山の湿った所に生える。✼6下〜8中

タカネトウウチソウ

バラ科。葉は羽状複葉で小葉の裏は白い。花は穂状に多数つき、4裂した萼筒から先が太く白い雄しべが多数出る。✼7下〜8

ミヤマオグルマ

キク科。全体に白い毛が生える。頭花は径約3cm、雌性舌状花が両性管状花を囲んでいる。高山草地やれき地に生える。✼7〜8

エゾノツガザクラ

ツツジ科。常緑の小低木で密につく葉は長さ1cm以下。花冠は紡錘（ぼうすい）形。次種との雑種はコエゾツガザクラ。✼7〜8上

ハイオトギリ

オトギリソウ科。まとまって生え、楕円形の葉が茎を抱きながら何対も対生する。花の径は3cm以下、雌しべは子房と同長。✼7〜8

チョウノスケソウ

バラ科。草状の矮小低木でマット状に広がる。花は径約2.5cm、花弁は8枚、花後花柱が羽毛状に伸長。小泉岳周辺。✿6下～7

チシマクモマグサ

ユキノシタ科。葉はやや肉厚で、硬い毛が生える。花の径約1.2cm。雌しべが短く子房の先が2裂しているように見える。✿7中～8

主に高山帯の岩場、風衝地で見られる花

ミヤマキンバイ

バラ科。光沢がある葉は3出複葉で深い鋸歯縁。花は径2cm以下で5枚の花弁は先が凹む。萼と同形の副萼片がある。✿6中～8

ホソバイワベンケイ

ベンケイソウ科。葉は多肉質で縁に顕著な鋸歯がある。雄と雌花があり4数性、花弁と萼片が4枚、雄しべは8本。✿7～8上

チシマアマナ

ユリ科。根際の葉は長く2本、茎の葉は短い。花は茎頂に1個、6枚の花被片は長さ1～1.5cm、雄しべは6本。✿6～7上

メアカンキンバイ

バラ科。3出複葉はくすんだ緑色で、小葉の先も大きく3裂する。花は径約1cm、5枚の花弁の隙間から萼片が見える。✿7～8

エゾオヤマノエンドウ

マメ科。地表を這うように伸び、絹毛が密にあり全体に白っぽい。花は2個ずつつき、開花後大きな豆果ができる。✿7～8上

コマクサ

ケシ科。粉白色の葉は線形に裂ける。外側花弁2枚は基部が膨らんで先が反り返り、内側の2枚は両端が膨らみ馬の顔状。✿7～8

チシマツガザクラ

ツツジ科。よく分枝しマット状に広がる常緑矮小低木。線形の葉が密につく。花冠は径約7mm、花弁状に4裂する。✼7中〜8上

エゾイワツメクサ

ナデシコ科。よく分枝して横に広がる。葉は線形で対生する。花は径約1.5cm、5枚の花弁は2深裂して10枚に見える。✼7〜8

エゾマメヤナギ

ヤナギ科。幹や枝が地表をはう雌雄異株の落葉低木。葉はやや厚く長さ約1cm。花穂はほぼ卵形。大雪山の固有種。✼6下〜7中

イワヒゲ

ツツジ科。地表をはうように伸びる常緑矮小低木。細い枝に鱗状《りんじょう》の葉が密着し、細い柄に鐘形の花がぶら下がる。岩れき地。✼7〜8上

イワウメ

イワウメ科。クッション状に生える常緑矮小低木。花冠は花弁状に5深裂し径約1.5cm。雄しべと萼片は5個。✼6中〜7

エゾタカネスミレ

スミレ科。高さ5〜10cm、葉はやや厚く無毛。花は径1〜1.3cm、唇弁が大きく側弁基部は無毛。距は短い。✼6中〜7中

ミネズオウ

ツツジ科。常緑矮小低木でマット状に広がる。5裂した花冠裂片は平に開き径4〜5mm。厚く光沢がある葉が対生する。✼6下〜7

ウラシマツツジ

ツツジ科。落葉小低木で幹は地中を伸び、へら形の葉は葉脈が凹み、秋には深紅に紅葉する。球形の果実は黒く熟す。✼5〜7中

ミヤマタネツケバナ

アブラナ科。小葉が3対以下の羽状複葉。花は茎の先に数個つき、花弁は4枚で長さ4〜5mm。果実は線形で上を向く。✼6中〜7

エゾハハコヨモギ

キク科。絹毛が密生して全体が白く見え、根際の葉は細かく線形に裂ける。総状につく頭花の径は 6〜8mm。大雪山固有種。✽7〜8

イワブクロ

オオバコ科。葉は交互に対生し、長い毛のある花冠は長さ約2.5cm、2裂した上唇と3裂した下唇に分かれる。✽7〜8

エゾツツジ

ツツジ科。幹が地面をはう落葉低木。葉の縁と裏に腺毛と剛毛がある。花は径約3.5cm、柄と萼筒に腺毛があり粘る。✽6下〜8中

ウスユキトウヒレン

キク科。全体に普通毛があり葉は長楕円形に近いが変異が大きく数品種が知られる。小花は全て管状花。✽7下〜8

チシマギキョウ

キキョウ科。葉は根際につき、光沢があり鈍い鋸歯縁。花冠は長さ約3cm、裂片内側に長毛がある（イワギキョウにはない）。✽7下〜8

クモイリンドウ

リンドウ科。葉は厚く光沢があり対生する。花冠は長さ約5cmで先が5裂、外側に濃緑色の模様がある。≒トウヤクリンドウ。✽8

チシマキンレイカ

スイカズラ科。やや肉質の葉は羽状中〜深裂して根元に集まる。花冠は径約4mm、先は5裂し裂片は開く。＝タカネオミナエシ。✽7〜8

キバナシオガマ

オオバコ科。葉は羽状深裂し、花冠は上下の唇状に分かれ、茶色い上唇はワシのくちばし状、下唇は3裂する。大雪山の特産。✽7〜8上

ホソバウルップソウ

オオバコ科。葉はやや肉厚で光沢があり低い鋸歯縁。花冠は筒状で上下2唇に裂け、雄しべは上唇と同長。大雪山の固有種。✽7上〜8

あとがき

早いもので前回の改定から8年が経過した。大雪山は比較的状況変化の少ない山域だが、それでもいくつかのうれしいニュース、残念なニュースがあった。

まずはうれしいニュースから。2016年夏の台風以来、通行止めとなっていた沼ノ原方面クチャンベツ登山口への林道が20年夏、復旧・開通した。待ちわびていた人は多かったようで、平日も駐車場の混雑が目立った。また、久しく閉鎖されていた松仙園をめぐるコースが全面的に再整備され、やはり20年夏に開放された。こちらは一方通行、利用期間の制約があるので注意されたい。

施設関係では白雲岳避難小屋が建て替えられ、21年から本格的に運用される。若干小さくなったが、従来のイメージを踏襲した頑丈そうな小屋である。

登山道では20年夏に大々的なササ刈りが行われた。具体的には沼ノ原から五色岳、石狩岳への通称根曲がり廊下、トムラウシ山～オプタテシケ山間などである。欲を言えば今後も定期的な実施が望まれるところだが、そこは予算次第とのこと。また、随所で「近自然工法」と呼ばれる手法で登山道の整備が行われている。生態系を復元させることを念頭に置き、石や丸太など付近の資材を使った独特の施工である。いずれも関係者には深く感謝を申し上げたい。

対して残念なニュース。沼ノ原のヌプントムラウシコースはアプローチの林道が豪雨で壊滅的に損壊し、復旧の見込みが立たない。徒歩での入山も非現実的なため、本改訂版では削除した。ただし、登山道自体は20年にササ刈りされ、沼ノ原側から下山することは可能だ（温泉は使えないとのことだが…）。

ほかに廃道化により削除したのは、天人峡温泉～旭岳温泉間の連絡コース、並びに沼ノ原山である。三笠新道も夏山シーズンはほとんど通行が不可能なことから、ガイドを取りやめた。

なお、通行止めが続いている三川台登山口への上俵真布林道については、復旧の可能性が残されていることから、参考として旧データのままガイドを掲載した。

また、新型コロナウィルスの影響に伴い、山小屋などの施設や交通関係では、未定事項や変更の可能性がある。事前の確認をお願いしたい。

今回は新しい試みとして巻末にミニ花図鑑を入れた。山旅の楽しみに少しでもプラスとなってくれればうれしく思う。

2021年、コロナを気にせず山を歩ける日が来ることを祈って　著者一同

参考文献

俵　浩三・今村朋信編『アルパインガイド北海道の山』（山と溪谷社）1971
写真集『大雪山―中央高地の自然―』（北海道撮影社）1973
大内倫文・堀井克之編『北海道の山と谷』（北海道撮影社）1977
山田秀三著『北海道の地名』（北海道新聞社）1984
菅原靖彦著『北海道ファミリー登山』（北海タイムス社）1985
梅沢　俊編著『アルペンガイド北海道の山』（山と溪谷社）1997
再刊委員会編・著『北海道の山と谷・下』（北海道撮影社）1999
季刊『北の山脈』１～40号　1971～1980
旭川山岳会監修『Attack‼　十勝連峰・トムラウシ山』（北海道地図）1999
旭川山岳会監修『Attack‼　大雪山』（北海道地図）2000
梅沢　俊・伊藤健次著『新版　北海道百名山』（山と溪谷社）2003
佐藤文彦ほか『山と高原地図・大雪山』（昭文社）2010
梅沢　俊著『北の花名山ガイド』（北海道新聞社）2012
伊藤健次著『ヤマケイアルペンガイド　北海道の山』（山と溪谷社）2013

本書の地図作成にあたっては、次のものを使用しました。

⑴山旅倶楽部の地図データ

⑵国土地理院の地図データ

⑶基盤地図情報　数値標高モデル10メートルメッシュ（標高）

⑷カシミール３D（杉本智彦氏・作、https://www.kashmir3d.com/）

著者紹介（五十音順）

梅沢　俊
（うめざわ　しゅん）

1945年札幌市生まれ。道内の野生植物の撮影・研究を続け、最近はヒマラヤで花探しも。著書に『北海道の草花』『新版北海道の高山植物』『山の花図鑑シリーズ』『北の花名山ガイド』『うめしゅんの世界花探訪』（北海道新聞社）、『新北海道の花』『北海道のシダ入門図鑑』（北海道大学出版会）、『北海道百名山』（山と溪谷社）など。北大山とスキーの会所属。

菅原　靖彦
（すがわら　やすひこ）

1943年札幌市生まれ。岩登り、沢登り、冬山と全方位の登山を実践。著書に『札幌から日帰りゆったりハイキング』（北海道新聞社）などがあるほか、『北海道スノーハイキング』『北海道雪山ガイド』などの編集に携わってきた。北海道の山メーリングリスト所属。

長谷川　哲
（はせがわ　てつ）

1964年長野県生まれ。山と溪谷社で『山と溪谷』『Outdoor』などの雑誌編集に携わったのち、北海道に移住しフリーライターとなる。現在は『山と溪谷』『岳人』などの山雑誌を中心に執筆中。著書に『北海道16の自転車の旅』『北海道夏山ガイド特選34コース』（北海道新聞社）ほか。北海道の山メーリングリスト所属。

北海道夏山《ほっかいどうなつやま》ガイド②　表大雪《おもてだいせつ》の山々《やまやま》　最新第2版

1990年5月15日　初　　版1刷発行
1997年8月27日　　　　　9刷発行
2000年8月7日　増補改訂版1刷発行
2008年6月10日　　　　　4刷発行
2013年4月22日　最 新 版1刷発行
2021年4月29日　最新第2版1刷発行

著　者　梅沢　俊／菅原　靖彦／長谷川　哲
発行者　菅原　淳
発行所　北海道新聞社
〒060-8711　札幌市中央区大通西3丁目6
出版センター（編集）☎011－210－5742
出版センター（営業）☎011－210－5744
印　刷　㈱アイワード

落丁・乱丁本はお取り換えいたします
ISBN978-4-86721-020-8

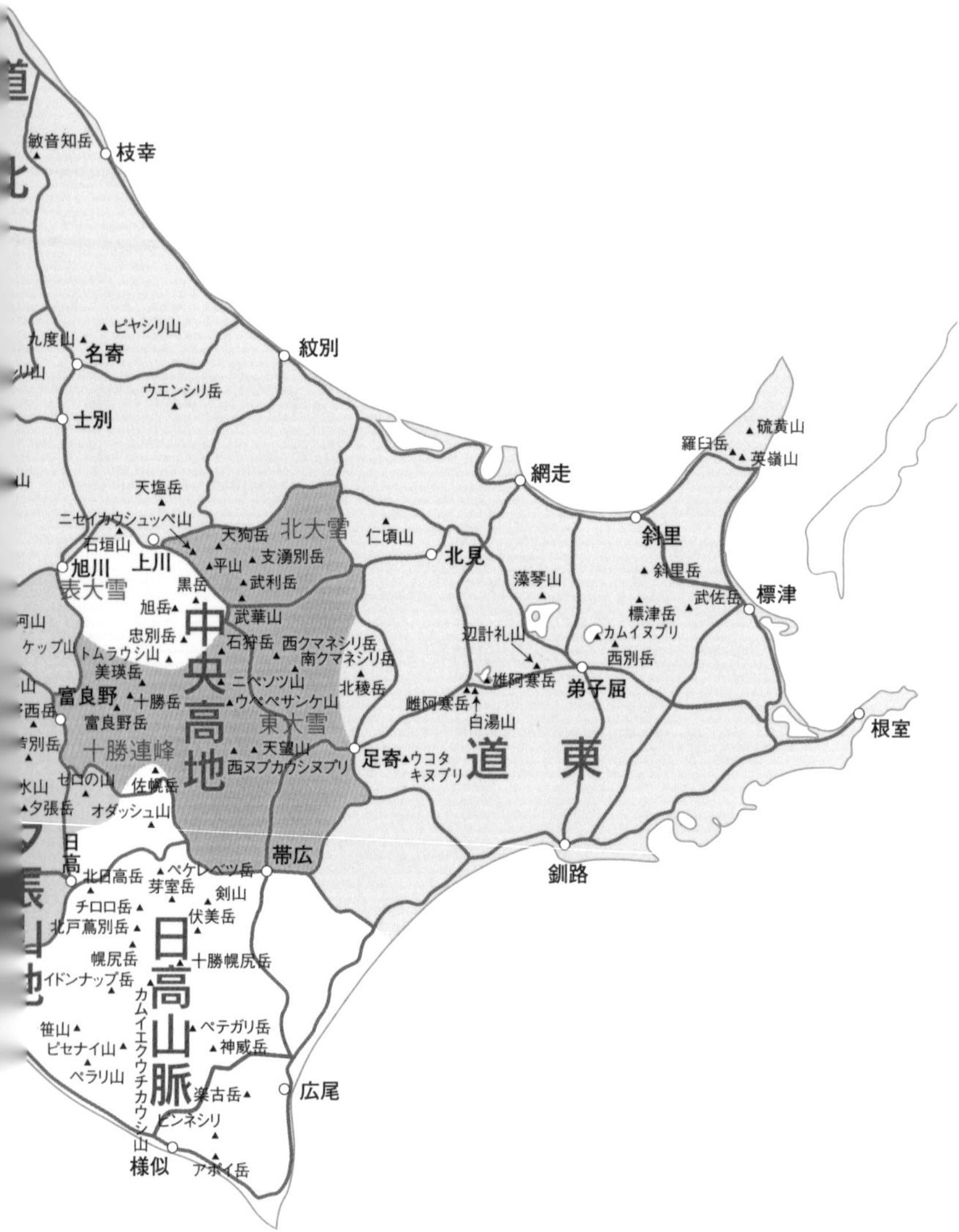

敏音知岳
枝幸
ピヤシリ山
九度山
名寄
紋別
ウエンシリ岳
士別
網走
硫黄山
羅臼岳
英嶺山
天塩岳
ニセイカウシュッペ山
石垣山
天狗岳
北大雪
仁頃山
上川
平山
支湧別岳
北見
斜里
旭川
武利岳
斜里岳
表大雪
黒岳
藻琴山
標津
旭岳
武華山
武佐岳
標津岳
忠別岳
辺計礼山
カムイヌプリ
石狩岳
西クマネシリ岳
トムラウシ山
南クマネシリ岳
西別岳
美瑛岳
中央高地
雄阿寒岳
弟子屈
ニペソツ山
北稜岳
富良野
十勝岳
ウペペサンケ山
雌阿寒岳
富良野岳
東大雪
白湯山
根室
十勝連峰
天望山
足寄
ウコタキヌプリ
道東
西ヌプカウシヌプリ
セロの山
佐幌岳
夕張岳
オダッシュ山
日高
帯広
釧路
北日高岳
ペケレベツ岳
芽室岳
剣山
チロロ岳
伏美岳
北戸蔦別岳
日高山脈
幌尻岳
十勝幌尻岳
イドンナップ岳
カムイエクウチカウシ山
笹山
ペテガリ岳
ピセナイ山
神威岳
ペラリ山
広尾
楽古岳
ピンネシリ
様似
アポイ岳